Historia de Canadá

Una guía fascinante de la historia de Canadá

© Copyright 2022

Todos los derechos reservados. Ninguna parte de este libro puede ser reproducida de ninguna forma sin el permiso escrito del autor. Los revisores pueden citar breves pasajes en las reseñas.

Descargo de responsabilidad: Ninguna parte de esta publicación puede ser reproducida o transmitida de ninguna forma o por ningún medio, mecánico o electrónico, incluyendo fotocopias o grabaciones, o por ningún sistema de almacenamiento y recuperación de información, o transmitida por correo electrónico sin permiso escrito del editor.

Si bien se ha hecho todo lo posible por verificar la información proporcionada en esta publicación, ni el autor ni el editor asumen responsabilidad alguna por los errores, omisiones o interpretaciones contrarias al tema aquí tratado.

Este libro es solo para fines de entretenimiento. Las opiniones expresadas son únicamente las del autor y no deben tomarse como instrucciones u órdenes de expertos. El lector es responsable de sus propias acciones.

La adhesión a todas las leyes y regulaciones aplicables, incluyendo las leyes internacionales, federales, estatales y locales que rigen la concesión de licencias profesionales, las prácticas comerciales, la publicidad y todos los demás aspectos de la realización de negocios en los EE. UU., Canadá, Reino Unido o cualquier otra jurisdicción es responsabilidad exclusiva del comprador o del lector.

Ni el autor ni el editor asumen responsabilidad alguna en nombre del comprador o lector de estos materiales. Cualquier desaire percibido de cualquier individuo u organización es puramente involuntario.

Índice

INTRODUCCIÓN - CANADÁ: UNA OBRA EN CURSO 1
CAPÍTULO 1 - LA GEOLOGÍA GENERAL DE CANADÁ 5
CAPÍTULO 2 - CANADÁ ANTES DE LA LLEGADA DE LOS EUROPEOS 9
CAPÍTULO 3 - EL INTENTO VIKINGO DE COLONIZAR CANADÁ 16
CAPÍTULO 4 - LAS PRIMERAS COLONIAS INGLESAS Y FRANCESAS 22
CAPÍTULO 5 - EL SURGIMIENTO DE LA NUEVA FRANCIA 34
CAPÍTULO 6 - EL SIGUIENTE ASALTO: FRANCIA E INGLATERRA COMPITEN POR EL DOMINIO 41
CAPÍTULO 7 - LA REVOLUCIÓN ESTADOUNIDENSE Y LA GUERRA DE 1812 50
CAPÍTULO 8 - DEL SIGLO XIX A PRINCIPIOS DEL XX 62
CAPÍTULO 9 - CANADÁ, DOS GUERRAS MUNDIALES Y UNA GUERRA FRÍA 72
CAPÍTULO 10 - CANADÁ EN LOS ALBORES DE UN NUEVO MILENIO 87
CONCLUSIÓN - ¡OH, CANADÁ! ¡OH, CANADÁ! 97
VEA MÁS LIBROS ESCRITOS POR CAPTIVATING HISTORY 99
APÉNDICE A: LECTURAS ADICIONALES Y REFERENCIAS 100

Introducción - Canadá: Una obra en curso

«Los seres humanos son obras en curso que creen erróneamente que están acabadas. La persona que eres ahora mismo es tan transitoria, tan fugaz y tan temporal como todas las personas que has sido. La única constante en nuestras vidas es el cambio».

-Daniel Gilbert

La región de América del Norte que llamamos «Canadá» fue considerada en su momento el mayor país fronterizo del Nuevo Mundo. Sí, de toda Norteamérica —es decir, el actual México, Estados Unidos, Canadá, los numerosos países de América Central y las diversas islas que rodean el continente— la frontera canadiense fue la más difícil de colonizar. México fue la primera de las tres naciones más grandes de Norteamérica en ser colonizada cuando los conquistadores españoles navegaron desde Europa para someter a los aztecas, mayas e incas.

La sección media del continente norteamericano fue abordada después por otros europeos occidentales que avanzaron lentamente hacia el oeste desde la costa oriental. Sin embargo, la sección más septentrional de Norteamérica —la gran tierra de Canadá— fue la última en ser sometida. Incluso hoy en día, existen secciones de

Canadá en el extremo norte que permanecen en gran medida inexploradas.

Pero a pesar de lo difícil que fue colonizar Canadá, los intentos de hacerlo se remontan a mucho tiempo atrás. Hace tiempo que se cree que, incluso antes de que los mencionados conquistadores españoles recorrieran el Caribe, México y América Central, los vikingos escandinavos del siglo XI se establecieron en las costas canadienses. Se dice que los vikingos descubrieron el continente norteamericano por accidente, ya que se perdieron y quedaron atrapados en una fuerte tormenta de viento. Como resultado, un grupo de navegantes vikingos terminó en Nueva Escocia.

No sabían dónde estaban y, desde luego, no comprendían la importancia de su desembarco. Pero tampoco lo sabía Cristóbal Colón cuando desembarcó en el Caribe. Al fin y al cabo, Colón buscaba una ruta marítima hacia la India, y al principio pensó que había desembarcado en algún lugar cercano al subcontinente indio oriental. Por esta razón, por supuesto, llamó a los habitantes que encontró «indios».

En efecto, muchos descubrimientos increíbles se han producido como resultado de contratiempos y errores. Y el descubrimiento del continente norteamericano es sin duda uno de ellos. La entrada de los europeos en el continente americano cambiaría para siempre tanto el Viejo como el Nuevo Mundo. Muchos cultivos y productos básicos que el resto del mundo da por sentado fueron descubiertos por primera vez en América.

Imagine, por ejemplo, un mundo sin tabaco. Desde un hombre en Estambul (Turquía) que fuma una pipa de agua hasta un adolescente en Japón que tira distraídamente un cigarrillo gastado en la acera, ninguna de estas cosas habría sido posible sin el descubrimiento de las Américas y su cultivo de tabaco autóctono. De hecho, fumar cigarrillos es algo tan omnipresente, y lo ha sido durante siglos, que a algunos les resulta difícil imaginar la vida sin ello.

Sin embargo, antes de recuperar el tabaco de las Américas, no se conocía su existencia en otras partes del mundo. Y desde la perspectiva de los indígenas de las Primeras Naciones que recorrían las tierras que un día se convertirían en Canadá, tampoco existía el caballo. Sí, por mucho que los guerreros nativos americanos montando a caballo se haya convertido en una imagen arraigada, los caballos en sí no formaban parte de su vida hasta que los europeos los reintrodujeron en el continente. Sin embargo, este es un tema debatido entre los estudiosos, ya que algunos creen que los nativos tenían acceso a sus propios caballos durante la ola de colonización. La mayoría de los historiadores parecen creer que los caballos se habían extinguido y que los visitantes europeos inundaron repentinamente América del Norte con caballos, así como con armas y herramientas de acero, cosas que los residentes indígenas de Canadá llegaron a anhelar.

Por mucho que nos desesperemos por los trágicos resultados que se produjeron como consecuencia del contacto, lo cierto es que hubo beneficios para ambas partes. Y al menos en los primeros días de la colonización canadiense, el comercio entre los habitantes originales y los recién llegados estaba en auge. De hecho, la primera economía canadiense se basaba casi por completo en el comercio de pieles.

Las tribus locales sabían que si cazaban animales y desollaban sus pieles, podían dar la vuelta y cambiarlas a los colonos europeos por caballos, armas, ollas de acero o cualquier otra cosa que quisieran. Los lugareños se habían acostumbrado tanto a esta rutina que era habitual que un barco que acababa de llegar a las costas norteamericanas fuera recibido por entusiastas residentes que levantaban sus mejores pieles en largos palos de madera, indicando que estaban listos para comerciar.

Fue sobre este entendimiento mutuamente beneficioso que se construiría gran parte de los primeros asentamientos canadienses. Sin embargo, a medida que las cosas avanzaban, obviamente no terminaron de ir tan bien para las tribus locales como al principio.

Pero para entonces ya era demasiado tarde. Sus antiguas formas de vida habían disminuido y se habían vuelto dependientes del comercio con los recién llegados. También empezaron a verse envueltos en sus propias luchas y guerras.

Los colonos francocanadienses empezaron a aliarse con las tribus de nativos americanos para compensar su escaso número contra los británicos, más numerosos, que empezaron a invadir el territorio canadiense. Estos acontecimientos culminarían en la guerra franco-indígena, que Francia acabaría perdiendo, lo que provocó que casi todas sus posesiones canadienses fueran entregadas a los británicos.

Este sería el fin del poder francés de ultramar en Canadá, pero los canadienses franceses permanecerían. Gran Bretaña se vio obligada a intentar crear una apariencia de unidad entre las dos comunidades distintas de canadienses anglófonos y francófonos.

Aunque esta unión se ha estrechado mucho a lo largo de los años, es una relación que sigue evolucionando. Esto se puso de manifiesto cuando los ciudadanos de Quebec estuvieron a punto de votar a favor de abandonar totalmente Canadá en un referéndum celebrado en 1995. Canadá es un lugar maravilloso con espacio para crecer, pero definitivamente sigue siendo un trabajo en progreso. Esta es la historia de cómo se ha hecho ese progreso.

Capítulo 1 - La geología general de Canadá

«Crecí en el borde de un parque nacional en Canadá: lobos marinos, arroyos, ventisqueros. Realmente tenía que volver a casa caminando seis millas a través de la nieve, tal como se quejaban tus abuelos».

-Dan Aykroyd

El paisaje canadiense es de lo más diverso y dinámico. Canadá cuenta con más de tres millones y medio de kilómetros cuadrados, siendo Rusia el único país del planeta que puede presumir de un terreno mayor. Canadá es tan grande que tiene pleno acceso al Atlántico y al Pacífico, así como al Ártico. Sin embargo, la zona más septentrional de Canadá es un páramo prácticamente inhabitable de nieve y hielo, mientras que el sur del país cuenta con inmensos bosques y vida silvestre.

Canadá cuenta con una gran variedad de árboles, entre los que destacan el abeto, el pino y, por supuesto, el arce. Estos árboles son ejemplares resistentes que pueden sobrevivir tanto a las olas de frío como a los periodos secos en los que las precipitaciones pueden ser escasas. Canadá también cuenta con ricas tierras de cultivo, pero no tanto como su vecino del sur, Estados Unidos.

Solo un 5% de Canadá es apto para la agricultura, mientras que alrededor del 40% de Estados Unidos se utiliza para la agricultura. Sin embargo, Canadá aprovecha ese 5% y, con su escasa población de tan solo 38 millones de habitantes —en comparación con los 330 millones de Estados Unidos— los canadienses tienen cultivos más que suficientes para arreglárselas.

Desde el punto de vista geológico, la tierra de Canadá estuvo muy influenciada por la última Edad de Hielo. Durante la última Edad de Hielo, Canadá, en diferentes periodos, estuvo casi completamente cubierta de hielo, ya que los glaciares avanzaron hasta las regiones del medio oeste de lo que hoy es Estados Unidos. Canadá experimentó varios ciclos en los que este hielo glacial cubrió la mayor parte de su territorio antes de retroceder hacia el Ártico.

A medida que las capas de hielo se retiraban, creaban grandes hendiduras en la tierra, que hoy conforman los numerosos arroyos, ríos y lechos de lago de Canadá. El lugar de la gran retracción glaciar en el centro del actual Canadá se conoce como el Escudo Canadiense. Cuando el hielo se fue, quedó expuesta una inmensa meseta de roca ígnea. Esta tierra no es muy buena para la agricultura, pero es un verdadero boom para los mineros que buscan minerales preciosos.

Y aquí, en esta abundante extensión de terreno rocoso, se puede encontrar mucho cobre, plata, níquel e incluso oro. Esto hizo que surgieran famosas ciudades mineras como «Sudbury», en Ontario, centradas casi exclusivamente en la excavación de los minerales preciosos del Escudo Canadiense. Esta región poco poblada es tan fantástica y remota para los canadienses como para cualquier otra persona. Esto, por supuesto, se debe al hecho de que la gran mayoría de la población de Canadá vive justo fuera del Escudo Canadiense, en las regiones costeras y en el sur del país.

De esos enclaves costeros mencionados, uno de los más grandes se encuentra en la costa occidental de Canadá, y constituye un accidente geológico llamado la cordillera de América del Norte, que se extiende (al menos geológicamente hablando) desde Alaska hasta Arizona, erizada de montañas de diversas alturas. Estas montañas proyectan literalmente una sombra y dan lugar a abundantes precipitaciones nubosas a lo largo de la costa occidental de Canadá. Las montañas también impiden que el aire más suave de la costa llegue al interior, creando una bolsa de clima más cálido en la costa occidental de Canadá que no se encuentra después de cruzar estas poderosas y majestuosas cordilleras. La mayor parte de la provincia canadiense de la Columbia Británica, así como una parte del Yukón, se encuentran a lo largo de la cordillera norteamericana.

Otro rasgo geológico importante de Canadá son las Grandes Llanuras. Se trata de una extensión de tierra estepevía plana que se extiende desde la región de Ontario hasta las Montañas Rocosas. Abarca unos 695.000 kilómetros cuadrados del interior del sur de Canadá. Esta franja de suelo canadiense goza de un clima continental de inviernos más bien fríos y veranos calurosos pero muy breves. Los poderosos ríos Saskatchewan y Mackenzie serpentean por esta región a lo largo de varios miles de kilómetros.

Esta tierra es ideal para los perros de la pradera y los animales de pastoreo, que recorren campos que se extienden hasta donde alcanza la vista. Sin embargo, para los seres humanos, las tierras bajas del sudeste de Canadá, situadas por encima de los Grandes Lagos, son las que más confort ofrecen. Esta región tiene un buen clima, tierra cultivable y una gran cantidad de agua. En esta región se encuentran las populosas ciudades del este de Canadá: Montreal, Quebec y Ottawa.

Justo al este de las tierras bajas, se entra en la rama canadiense de los Apalaches, una cadena montañosa que se extiende desde Terranova, en Canadá, hasta Georgia, en Estados Unidos. Toda la cadena montañosa está llena de ríos, lagos y arroyos en abundancia, así como algunas tierras de cultivo decentes. Sin embargo, la región es más conocida por su terreno boscoso, así como por sus ricos yacimientos minerales.

Por supuesto, las partes más frías y menos pobladas de Canadá son las del norte, y conforman los climas taiga y ártico de Canadá. La taiga es una región muy fría del norte de Canadá, y es conocida por sus duros inviernos. Sin embargo, la taiga alberga el gran bosque boreal, que es solo una parte de un enorme sistema forestal del hemisferio norte que rodea todo el planeta. El bosque boreal del norte de Canadá está conectado con el mismo sistema de árboles de Rusia y Escandinavia. Imagínese un anillo de coníferas resistentes y cubiertas de nieve que rodea algunas de las masas terrestres más septentrionales del planeta.

Esta región septentrional de Canadá constituye una gran parte del país, pero en ella solo se encuentra una población muy reducida. Uno de los principales puestos de avanzada en la región de la taiga es Yellowknife, una ciudad que cuenta con una población de poco menos de veinte mil personas.

Más al norte, donde el entorno es aún más extremo, se llega a la parte de Canadá que se encuentra realmente en el Ártico. La región ártica no tiene árboles como la taiga, y presenta un paisaje de hielo y nieve ininterrumpidos durante todo el año. Se pueden encontrar algunos líquenes y musgo en las rocas del Ártico, pero este clima es demasiado duro para soportar incluso los árboles más resistentes.

No obstante, la región ártica cuenta con una interesante fauna, como el zorro ártico, el búho de las nieves y, por supuesto, el oso polar. En resume, esta es la geología general de Canadá, aunque siempre hay más cosas por descubrir.

Capítulo 2 - Canadá antes de la llegada de los europeos

«Tenemos una deuda con los pueblos aborígenes que se remonta a cuatro siglos atrás. Les toca convertirse en socios de pleno derecho en el desarrollo de un Canadá aún más grande. Y la reconciliación necesaria puede ser menos una cuestión de textos legales que de actitudes del corazón».

-*Romeo LeBlanc*

La parte del mundo que llamamos Canadá tiene una historia muy anterior a la llegada de los europeos. Se dice que el propio nombre de Canadá deriva de un término que utilizaban los iroqueses: *Kanata*, que se traduce aproximadamente como «asentamiento» o «lugar de encuentro». Los iroqueses, por supuesto, fueron solo una de las varias civilizaciones de nativos americanos que habitaron la parte canadiense de Norteamérica.

Los pueblos indígenas que existían antes del descubrimiento europeo eran muchos y diversos. Se cree que algunas de las civilizaciones más antiguas ya habían ido y venido antes de los días de Cristóbal Colón. Aunque algunos líderes tribales pueden decir que su pueblo ha formado parte de Canadá desde el principio de los tiempos, en general se cree que las primeras de las llamadas Primeras Naciones de América del Norte llegaron hace unos quince mil años.

Gran parte de lo que sabemos de estos primeros habitantes de Canadá procede de la arqueología y de las leyendas orales, ya que ninguna de las tribus canadienses (por lo que sabemos) había establecido un método de escritura. La mayoría de los arqueólogos creen que las primeras tribus de nativos americanos llegaron a América del Norte y, en última instancia, a lo que hoy conocemos como Canadá hace entre quince mil y veinte mil años, al final de la última Edad de Hielo.

Se cree que estos antiguos exploradores pudieron cruzar entre continentes por un puente de tierra que conectaba Eurasia con Alaska. Aunque la mayor parte de este puente terrestre está ahora sumergida bajo el agua, los restos de este puente pueden verse hoy en día en forma de las islas Aleutianas de Alaska, que son una cadena de islas que se extienden hacia Siberia.

La teoría de una migración masiva a través de un puente terrestre desde Siberia se ha visto reforzada en gran medida por la investigación del ADN, que ha encontrado un fuerte vínculo entre muchos grupos de nativos americanos y los asiáticos orientales de las regiones de Mongolia y Manchuria del noreste de Asia. Sin embargo, hay quienes se han preguntado: ¿podría ser que esta migración ocurriera al revés de lo que piensan los arqueólogos?

Se ha sugerido que tal vez los antiguos indígenas americanos viajaron a Asia oriental, donde sentaron las bases de los mongoles y manchúes, y no al revés. Es una idea interesante, pero hay pocas pruebas de que así fuera. Por otro lado, hay pruebas muy sólidas de que las antiguas tribus de las tierras de Asia Oriental mencionadas viajaron a través de un puente terrestre hasta las Américas en la cola de la última Edad de Hielo.

Durante este período, gran parte del mundo estaba cubierto de hielo glacial. El hecho de que gran parte del agua de la tierra estuviera congelada en paquetes de hielo dio lugar a un nivel del mar más bajo y, por tanto, a una tierra más seca. Se cree que después de que todo este hielo se derritiera, el puente terrestre que conectaba Alaska con Eurasia quedó sumergido bajo el agua. Tal vez la tribu de nativos americanos que tiene la mayor evidencia de esta conexión es la de los inuit. El pueblo inuit es una tribu «circumpolar» y tiene una cadena ininterrumpida de asentamientos desde Siberia hasta el Ártico norteamericano y Groenlandia.

En cualquier caso, el continente norteamericano para estos primeros grupos humanos era muy diferente al actual. Al final de la última Edad de Hielo, hace quince mil años, América del Norte estaba llena de una gran variedad de animales que simplemente ya no existen. Gigantescas criaturas elefantiásicas cubiertas de pieles, llamadas mamuts lanudos, recorrían las llanuras. También había temibles criaturas caninas de gran tamaño llamadas lobos huargos. Otro habitante animal totalmente único era el perezoso terrestre.

Los nativos americanos interactuaban con estos animales y los cazaban. De hecho, hay pruebas de que el perezoso terrestre tuvo enfrentamientos con los humanos poco después de la primera llegada de la humanidad. Existen registros fósiles en los que aparecen varias huellas de humanos y de perezosos impresas juntas de una manera que sugiere una lucha entre agresores humanos y un perezoso, que parece haber intentado levantarse y defenderse.

Con indicios como estos en los registros fósiles, se ha sugerido que estos perezosos y otros animales de la Edad de Hielo podrían haber sido cazados por estos primeros pobladores humanos hasta su extinción. Otras teorías sugieren que tal vez se extinguieron debido al cambio climático natural o tal vez a una combinación de cambio climático y caza excesiva.

La mayoría de los recién llegados a América al final de la última Edad de Hielo acabaron marchando hacia el sur, siguiendo la cordillera de la costa oeste de Canadá hacia las regiones más templadas. Cuando los hielos empezaron a retroceder hacia el norte, hacia el Ártico, hace unos diez mil años, estos grupos tribales de nativos americanos empezaron a desplazarse de forma constante hacia el norte y el este para asentarse en la mayor parte de lo que hemos llegado a llamar Canadá. Se cree que este proceso se completó hace unos siete mil años, cuando los glaciares se habían retirado por completo y cuando las temperaturas eran más o menos equivalentes a las actuales.

En el Yukón se ha encontrado uno de los asentamientos más antiguos de los nativos americanos. En un lugar llamado Old Crow, encontramos un asentamiento que los arqueólogos datan de hace aproximadamente quince mil años. Este dato es importante, ya que coincide con el periodo de tiempo en el que la mayoría de los estudiosos creen que las tribus nómadas emprendieron por primera vez su viaje desde Eurasia a Norteamérica.

Estos primeros pobladores se enfrentaron a los elementos y cazaron grandes animales como ciervos, alces e incluso el enorme mamut lanudo. Estas poderosas bestias les proporcionaban tanto abrigos de pieles como una gran cantidad de carne, lo que permitió a estos primeros americanos sobrevivir a los duros inviernos de la frontera canadiense. Y existen pruebas arqueológicas de que los pobladores tribales estaban desarrollando comunidades más complejas y, junto con la caza y la recolección, comenzaron a realizar regularmente operaciones de pesca en la costa occidental hacia el año 8000 a. C. Entonces, como ahora, las costas occidentales de Canadá tenían mucho salmón para cualquier aspirante a pescador.

A medida que los grupos tribales migraban hacia el este, se revelaron pruebas del avance gradual de las herramientas. Los primeros colonos utilizaban herramientas de piedra astillada. Pero pronto hubo tribus con herramientas y armas de piedra mejor pulidas. Luego, hacia el año 3000 a. C., hay pruebas de que las tribus utilizaban el cobre como principal recurso para elaborar sus diversos utensilios.

Coincidiendo con estos avances, se generalizó el uso de canoas, lo que, a su vez, propició el frecuente comercio de bienes entre varias tribus. El uso de la cerámica también estaba muy extendido en el año 1000 a. C., especialmente cerca de los Grandes Lagos. Alrededor de la parte canadiense de los Grandes Lagos, los grupos tribales empezaron a pasar de una cultura cazadora a una agraria, lo que hizo que se generalizara la agricultura.

Fue aquí donde se desarrollaron cultivos característicos como el maíz y se distribuyeron ampliamente entre los grupos tribales locales. El maíz, por supuesto, es un importante accesorio agrícola, y fue desarrollado por primera vez mucho más al sur por las avanzadas civilizaciones indígenas de México. Con el tiempo, el cultivo se extendió desde México hasta la sección más septentrional del continente norteamericano (es decir, Canadá). Y sí, hacia el año 1000 a. C., el maíz era un cultivo bastante común, incluso en Ontario.

Las creencias religiosas complejas también comenzaron a florecer durante este período, como lo demuestran los vastos complejos de túmulos funerarios que comenzaron a salpicar el paisaje. La arqueología no puede decirnos mucho acerca de por qué los lugareños enterraban a su gente en estos túmulos. Pero por lo mucho que se esforzaron en crearlos y conservarlos —lo suficiente, de hecho, como para que podamos verlos todavía hoy— está bastante claro que estos montículos eran muy importantes para su sociedad. El más extenso de estos montículos es el de Manitou, que se encuentra en Ontario.

Muchas de estas complejas sociedades permanecieron intactas durante miles de años, algunas hasta el contacto postcolombino. Fue en esta época cuando la tribu iroquesa cobró importancia en la región de los Grandes Lagos. Los iroqueses, a veces clasificados como una confederación tribal, eran un gran grupo de tribus indígenas que hablaban la misma lengua iroquesa y que se habían unido para controlar una gran franja del noreste. Sus tierras se extendían desde las actuales Virginia, Pensilvania y Nueva York en el sur hasta Ontario en el norte. El sistema político de la Confederación Iroquesa era complejo y consistía en consejos locales dirigidos por jefes de aldea.

Eran estados independientes en sí mismos, pero estaban unidos para defenderse mutuamente. Esta confederación de los iroqueses se considera una de las estructuras sociales indígenas más elaboradas que existen en Norteamérica.

Curiosamente, incluso se ha reconocido que los Artículos de la Confederación originales, que agruparon a las Trece Colonias en su oposición a Gran Bretaña, se inspiraron en parte en el sistema iroqués. Las tribus de los iroqueses reunían varias unidades tribales en un frente común, y se unían para la defensa y el bienestar general de todos los miembros. Las Trece Colonias se unieron inicialmente como confederación por una razón muy parecida.

El rasgo más visible de la sociedad iroquesa era, sin duda, sus famosas casas comunales. Estas largas estructuras de madera, que solían tener seis metros de ancho y hasta sesenta metros de largo, se podían encontrar por toda la región de los Grandes Lagos. Las casas comunales se utilizaban como viviendas comunales y como lugar para que los líderes locales discutieran los asuntos políticos más importantes del momento.

Imagínense a varios representantes locales de varias tribus de la confederación reunidos en una casa comunal para debatir asuntos urgentes que afectan a los grupos tribales en su conjunto. Una vez que los europeos llegaran a la escena, gran parte de estos debates se centrarían en cómo la confederación debería tratar a estos extraños recién llegados.

Los iroqueses vivían tanto de sus cultivos como de la caza silvestre, y estas dos labores se dividían normalmente entre hombres y mujeres, siendo los hombres los principales cazadores y las mujeres las que se ocupaban de los cultivos. Los tres cultivos principales de los iroqueses se conocen a veces como las «Tres Hermanas». Estas Tres Hermanas eran los cultivos básicos de los iroqueses: judías, calabaza y maíz. La dieta de los iroqueses se complementaba con un número constante de peces, que eran más abundantes en la primavera.

Por supuesto, los iroqueses eran solo uno de los muchos grupos de población indígena de Canadá, pero su importancia no puede ser subestimada, ya que con el tiempo se convertirían en los actores más importantes del poder cuando los europeos postcolombinos llegaron a Canadá.

Capítulo 3 - El intento vikingo de colonizar Canadá

«Canadá siempre ha estado ahí para ayudar a la gente que lo necesita».

-Justin Trudeau

Los exploradores de los confines de Escandinavia (norte de Europa), conocidos como los vikingos, hicieron grandes incursiones en el siglo IX. Aunque quizá sean más conocidos por sus sanguinarias incursiones contra Gran Bretaña y la Europa continental, los vikingos —a pesar de su sed de sangre— también eran increíbles marineros y navegantes.

Los vikingos son, de hecho, un grupo a menudo incomprendido. Durante siglos, se les ha estereotipado como beligerantes paganos que, de repente, se abalanzaron desde sus puestos del norte sobre una Europa desprevenida. Se les describía como bárbaros sedientos de sangre que asaltaban sin piedad pueblos e iglesias en lugares como Gran Bretaña y Francia, lo que nos deja hoy con personajes unidimensionales en el mejor de los casos.

Pero si bien es cierto que los vikingos eran capaces de una violencia increíble, a menudo no se menciona uno de los principales catalizadores de esta violencia. Los vikingos creían que estaban en guerra con el cristianismo. Y además, no creían que fueran ellos los que iniciaran el conflicto. El mérito fue del emperador del Sacro Imperio Romano Germánico (r. 800-814 d. C.), que comenzó a convertir por la fuerza a los paganos de Dinamarca. Se trataba de una conversión por medio de la espada, simple y llanamente, y provocó un conflicto armado.

En el transcurso del conflicto, los hombres de Carlomagno prendieron fuego a un árbol sagrado de los nórdicos llamado Irminsul, que era una representación terrenal de Yggdrasil o el «árbol de la vida» de la mitología nórdica. Según la profecía nórdica, una vez que Yggdrasil cayera, comenzaría el Armagedón (o como los nórdicos lo llamaban «Ragnarök»). Así, los vikingos creían literalmente que Carlomagno había desencadenado el Armagedón al cortar su árbol sagrado, y no es realmente una gran coincidencia que comenzaran a descender sobre Europa poco después.

Los vikingos básicamente pensaron: «Bueno, si ustedes queman nuestro árbol sagrado, entonces nosotros quemaremos su iglesia sagrada». Y eso es lo que hicieron. Sin embargo, hay que señalar que hay algunos estudiosos que sostienen que los vikingos atacaron lugares que parecían vulnerables, como los monasterios, ya que proporcionarían un botín fácil a cambio de poco trabajo.

Los propios vikingos, por supuesto, acabarían encontrando un medio pacífico para convertirse al cristianismo, y la mayoría de ellos se hicieron cristianos en el siglo XII. Pero mientras tanto, los vikingos participaban en muchos combates y exploraciones.

Alrededor del año 825, los vikingos abandonaron Noruega para establecerse en las islas Feroe, situadas en las aguas del norte de Escocia y el oeste de Noruega. Desde esta plataforma de lanzamiento, los vikingos pudieron descubrir otra isla de gran tamaño a unas cuatrocientas millas al oeste de las islas Feroe. Colonizada por los vikingos en el año 860 de la era cristiana, esta nueva isla recibió el nombre de «Islandia». Poco más de cien años después, hacia el año

980 de la era cristiana, los vikingos abandonaron Islandia y se dirigieron aún más al oeste, topándose con una tierra aún más grande, a la que llamaron «Groenlandia».

Según las sagas nórdicas, el explorador vikingo Erik el Rojo fue el campeón de esta causa. Se dice que salió de Islandia y desembarcó en la costa suroeste de Groenlandia. También fue Erik el Rojo quien supuestamente dio nombre a Groenlandia. La llamó así, pensando que tal apelativo serviría como una gran herramienta de marketing para el asentamiento, ya que los pastos verdes suenan atractivos. Sin embargo, Groenlandia no es tan verde; de hecho, ¡está incluso más cubierta de hielo que Islandia!

Como curiosidad, en la época en que se fundó Groenlandia, el equivalente escandinavo del parlamento —el Althing— mantenía intensos debates sobre si abandonar o no la fe ancestral de la religión nórdica por el cristianismo. Teniendo esto en cuenta, podría ser que algunos creyentes nórdicos acérrimos buscaran nuevas tierras como Groenlandia y luego quizás incluso Norteamérica por razones similares a las que los cristianos protestantes llegarían más tarde a América: la libertad religiosa.

La leyenda nórdica del Valhalla es un factor de motivación aún más fascinante. Muchos tienen la idea errónea de que el Valhalla era simplemente el cielo vikingo, una dimensión no física a la que pasaban las almas de los vikingos muertos. Pero no es así. Los vikingos creían que el Valhalla existía como un trozo de tierra tangible al otro lado de las misteriosas aguas al oeste de las tradicionales tierras nórdicas de Escandinavia.

Teniendo esto en cuenta, se puede entender mejor lo que podría haber inspirado a algunos de estos vikingos a hacer todos estos peligrosos viajes hacia el oeste a través de aguas inexploradas. Algunos pudieron creer que buscaban el mismísimo Valhalla.

En cualquier caso, una vez que los vikingos dominaron Groenlandia, la utilizaron como punto de partida para ir aún más lejos. Según la tradición nórdica, un mercader vikingo llamado Bjarni

Herjólfsson navegó en una fuerte tormenta en su camino de Islandia a Groenlandia. Fue arrojado tan al oeste que acabó en las costas de una masa de tierra completamente desconocida.

Bjarni no tenía ni idea de dónde estaba, pero rápidamente corrigió su ruta para llegar a Groenlandia como estaba previsto. Cuando un nórdico llamado Leif Erikson se enteró de este relato, se sintió lo suficientemente intrigado como para investigar él mismo el asunto. Leif Erikson era en realidad el hijo del famoso Erik el Rojo. Por esta razón, por supuesto, su nombre era Erikson, o hijo de Erik.

Leif Erickson y sus compañeros marineros vikingos utilizarían las pistas dadas por Bjarni, y encontrarían el camino a un lugar que llamaron Vinlandia. La mayoría de los estudiosos creen hoy que Vinlandia era en realidad la costa más nororiental de Norteamérica. También desembarcaron en una isla rocosa a la que llamaron Helluland, que parece corresponderse con la actual isla de Baffin. Se dice que el grupo de Leif pasó el invierno de 1001 en lo que hoy se conoce como Terranova.

Se dice que Leif pasó el resto del año en este puesto de avanzada sin muchos incidentes antes de regresar a Groenlandia. Tras el regreso de Leif a Groenlandia, se dice que su hermano Thorvald hizo su propio viaje al recién descubierto territorio de Vinlandia en 1004. Se cree que Thorvald Erikson partió de Groenlandia con un grupo de unos treinta hombres. Este grupo desembarcó aproximadamente en el mismo lugar donde había estado el campamento de Leif Erikson.

Según las sagas vikingas, Thorvald era al parecer un tipo bastante violento y agresivo. Dicen que tras tropezar con un grupo de indígenas que descansaban bajo «tres canoas cubiertas de piel», lanzó un ataque no provocado contra ellos. No está claro por qué hizo algo así. Tal vez lo considerara un ataque preventivo, para eliminar a posibles agresores cercanos antes de que pudieran atacarle a él y a sus seguidores.

De ser así, fue sin duda un cálculo a sangre fría por su parte, ya que le importaban muy poco las vidas que quitaba. Pero incluso si este era su objetivo, sus esfuerzos fueron un miserable fracaso. Thorvald y sus hombres mataron a ocho de los nueve hombres que encontraron, pero un único superviviente consiguió escapar. Y esto fue todo lo que necesitaron para que la ira de toda una tribu cayera sobre estos intrusos vikingos.

Los vikingos se escondieron detrás de unas barricadas construidas a toda prisa alrededor de su asentamiento y consiguieron mantener a raya a sus agresores, pero el propio Thorvald murió en el proceso, convirtiéndose en el primer europeo en morir en América. Una flecha atravesó las fortificaciones y le alcanzó allí mismo. No obstante, el resto de la tripulación consiguió sobrevivir al invierno antes de regresar a Groenlandia en primavera.

Las sagas nórdicas hablan entonces de otra expedición nefasta en la que un hombre llamado Thorfinn (sí, bastantes vikingos llevaban «Thor» en su nombre), junto con su esposa Gudrid y otras personas, desembarcó en Norteamérica. Poco después de su llegada, Gudrid dio a luz a un niño llamado Snorri. De acuerdo con la leyenda nórdica, podría tratarse del primer bebé europeo nacido en América.

Al principio, la expedición fue bastante bien para el grupo. Y a diferencia de sus predecesores, estos vikingos consiguieron establecer unas relaciones bastante pacíficas con las tribus locales. En lugar de luchar con los habitantes locales, estos emprendedores nórdicos comenzaron a comerciar con ellos. El comercio de alimentos y pieles estaba bien, pero una vez que las tribus locales empezaron a pedir armas de acero, como espadas y hachas de batalla pesadas, Thorfinn ordenó a sus seguidores que les negaran estos bienes comerciales.

Su razonamiento era bastante comprensible. Thorfinn temía que si entregaba sus mejores armas a los locales, los vikingos perderían cualquier ventaja militar que pudieran tener. Sería como si Estados Unidos entregara sus mejores aviones furtivos y submarinos nucleares a China en aras de la «amistad». La mayoría de los líderes militares pragmáticos no harían algo así, y Thorfinn, por muy amistosos que fueran los locales, tampoco iba a hacerlo.

Según las sagas, las tribus locales se sintieron ofendidas y comenzaron a conspirar contra los vikingos. Al parecer, un grupo de ellos intentó robar a los vikingos lo que no querían comerciar, lo que desencadenó un altercado que dejó a uno de los miembros de la tribu local muerto. En una repetición virtual de lo que le había ocurrido a Thorvald varios años antes, esto desencadenó una avalancha tribal de agresión, ya que un gran número de nativos descendió sobre el pequeño campamento vikingo para vengar a su camarada caído.

A pesar de ser superados en número, los vikingos pudieron contener a sus atacantes gracias a las sólidas fortificaciones y —gracias a Thorfinn— a la superioridad de sus armas. Aun así, sabían que solo era cuestión de tiempo que los echaran al mar, así que, captando la indirecta, los supervivientes vikingos cargaron sus barcos y se dirigieron de nuevo a Groenlandia.

El experimento vikingo en Norteamérica no duró mucho. Se dice que solo duró unos pocos años, tal vez desde el año 1001 hasta el 1007. Las pruebas más concretas de la ocupación vikinga proceden de Terranova, ya que en L'Anse aux Meadows se descubrieron viviendas nórdicas intactas, junto con otros recuerdos de la ocupación vikinga.

Incluso había pruebas de fundición de hierro. Se cree que los grupos indígenas no conocían el hierro, pero es un indicio del asentamiento nórdico, ya que tenían afición por fabricar poderosas hojas de acero para sus espadas. Estas pruebas arqueológicas parecen corresponder a las sagas nórdicas que narran el asentamiento en lo que hoy es Canadá.

Capítulo 4 - Las primeras colonias inglesas y francesas

«Si la enfermedad mental nacional de Estados Unidos es la megalomanía, la de Canadá es la esquizofrenia paranoide».

-Margaret Atwood

La historia de cómo Cristóbal Colón navegó hacia el Nuevo Mundo de las Américas, llegando al Caribe en 1492, es bastante conocida. La expedición mucho menos conocida de John Cabot (la versión italianizada de su nombre es en realidad Giovanni Caboto) en nombre de Gran Bretaña tuvo lugar en 1497. Este marino italiano era muy hábil y, al parecer, el monarca inglés —el rey Enrique VII— tenía plena confianza en él.

El viejo rey Enrique había aconsejado a Cabot que «buscara, descubriera y encontrara todas las islas y provincias» y las reclamara para Inglaterra. Cabot zarpó del puerto británico de Bristol ese año y acabó desembarcando en el antiguo territorio de los vikingos, Terranova. Cabot estaba autorizado a reclamar para Inglaterra cualquier tierra «recién» descubierta, y eso fue lo que hizo, declarando oficialmente que Terranova era propiedad de la corona británica.

Esto, por supuesto, se hizo sin importar lo que cualquiera de las tribus locales pudiera pensar sobre el asunto. La zona estaba escasamente poblada, y si alguno de los lugareños llegaba a ver a los extraños recién llegados plantando la bandera británica, probablemente no habría pensado demasiado en el acto en sí, aparte de asombrarse por la naturaleza extraña de los visitantes. Para ellos, las tierras de Terranova no tenían un solo dueño, sino que eran la patria ancestral de todas las tribus locales.

En realidad, la reclamación británica fue en gran medida un medio para evitar que otros europeos intentaran hacer incursiones en la región. La acción pretendía notificar a sus pares europeos que este pequeño trozo de Canadá estaba ahora en manos británicas. Y aunque Gran Bretaña no podría desarrollar ningún asentamiento permanente en la zona durante varios años, la sola noción de que Gran Bretaña había reclamado un territorio se consideraba de gran importancia nacional para el país.

Al principio, uno de los recursos más abundantes que se descubrieron en Terranova fue un rico suministro de pescado. Los peces eran tan abundantes que los marineros volvían con historias de barcos atascados en enormes enjambres de ellos. Se dice que Cabot hizo descender cestas bajo las aguas para sacarlas cargadas de estos animales acuáticos.

Esta parte del océano estaba tan llena de peces que la pesca ni siquiera era un reto. El lugar donde el barco de Cabot encontró esta enorme abundancia de vida marina estaba cerca de la plataforma continental, en una sección particularmente poco profunda, que casualmente era una zona de cría de bacalao. El comercio de la pesca en las costas de Terranova se volvería muy lucrativo.

Además de encontrar nuevas tierras para Inglaterra, los ingleses, al igual que muchos europeos, seguían ansiosos por encontrar una ruta hacia el oeste, hacia la India. Aunque tanto Colón como Cabot habían demostrado que existía una masa de tierra entre el este de Asia y el oeste de Europa, nadie había averiguado todavía lo grande que era esa masa de tierra. En ese momento, era una suposición de cualquiera, y se creía que la nueva tierra descubierta era mucho más pequeña de lo que resultó ser.

Por ello, exploradores como Cabot pensaron que una rápida expedición al otro lado de esta tierra recién descubierta (por algo se llamaba Terranova) les llevaría directamente a Asia oriental. La tierra que se extendía entre Europa y Asia no se consideraba más que un mero badén. Por supuesto, sabemos que ir de la costa atlántica de Canadá a la costa del Pacífico no es un viaje rápido ni mucho menos.

Sin embargo, Cabot persistió en su empeño. Dirigió su expedición hacia el golfo de San Lorenzo y siguió la vía de agua con la esperanza de encontrar un paso directo a la India o incluso a China. No hace falta decir que no encontró lo que buscaba. Las exploraciones de Cabot llegaron a su fin en 1498, cuando cuatro de los cinco barcos de su última expedición se perdieron. Uno de ellos consiguió volver a penas a Irlanda, pero nunca más se supo de John Cabot; hasta hoy no se sabe qué pasó con el explorador italiano. El propio rey Enrique VII pereció poco después.

Francia, mientras tanto, hizo sus primeras incursiones en la exploración de América del Norte en el año 1524. Como tantos otros, Francia también estaba interesada en encontrar una ruta más rápida y occidental hacia la India. Los franceses, al igual que los británicos —y, por consiguiente, los españoles a través de Cristóbal Colón— utilizaron a un hábil navegante italiano, un hombre conocido como Giovanni da Verrazzano.

Para entonces, España había pasado de sus descubrimientos en el Caribe a los asentamientos en Florida. Mientras tanto, John Cabot había marcado el contorno de Terranova para los británicos. Curiosamente, fue Giovanni da Verrazzano quien se convenció de que debía haber una ruta fluvial entre estos dos puntos tan lejanos. Evidentemente, Giovanni no tenía ni idea de que tanto Terranova como Florida formaban parte del mismo continente.

Sin embargo, Giovanni persistió. Llegó hasta el lugar donde se encuentra la actual Carolina del Norte. Allí, sus ojos le jugaron una mala pasada, convenciéndole de que veía una gran «masa de agua parecida al océano» justo encima de donde estaría Carolina del Norte. Sin embargo, solo se trataba de un truco de la iluminación y, al igual que Cabot, Giovanni regresaría a Francia sin haber encontrado una nueva ruta hacia la India.

No obstante, este viaje contribuyó en gran medida al conocimiento de los contornos correctos (al menos después de que Giovanni se diera cuenta de su error) de América del Norte. La exploración francesa quedaría en suspenso poco después de esta expedición, al estallar las guerras con la dinastía de los Habsburgo en la Europa continental. Francia no volvería a entrar en el juego hasta una década después, en 1534, cuando el explorador Jacques Cartier zarpó del puerto de Saint-Malo, en la región noroccidental francesa de Bretaña.

Su expedición constaba de sesenta y un hombres, y se repartieron en dos barcos diferentes. Tardaron algo más de un mes en llegar a Terranova. A Jacques no le entusiasmó demasiado el hielo y la nieve de la región, y comentó que quizás era «la tierra que Dios le dio a Caín». La bautizó así en referencia a la narración bíblica de Caín exiliado a la «Tierra de Nod». Al igual que John Cabot antes que él, Jacques navegó hacia el golfo de San Lorenzo y luego se dirigió a la isla del Príncipe Eduardo.

Desde aquí, se dirigió a la bahía de Chaleur, la masa de agua que separa las tierras de Quebec de las de Nuevo Brunswick. Al pasar por esta masa de agua, la expedición se encontró con algunos lugareños de la tribu Mi'kmaq, que al parecer les esperaban en la orilla. Se dice que los lugareños se entusiasmaron al verlos y levantaron pieles en palos de madera, indicando que querían cambiarlas por otros bienes.

Esto era un claro indicio de que estas personas habían comerciado antes con los visitantes y conocían la rutina. Tras este encuentro, la expedición de Cartier se dirigió a Gaspe, donde encontró más habitantes nativos, esta vez miembros de los poderosos iroqueses. Se dice que los franceses repartieron fácilmente cuentas de cristal, cuchillos, peines y otras baratijas a los miembros de la tribu iroquesa. Esto se hizo, aparentemente, para ganar su amistad, lo que permitiría a los exploradores utilizar a los lugareños para mostrarles los alrededores.

Pero lo que ocurrió después no parece tan amistoso. Se dice que la tripulación del barco de Cartier buscó y secuestró deliberadamente a una pareja de hijos del jefe local. Estos dos príncipes iroqueses fueron entonces obligados para que sirvieran a Francia y trabajaran como exploradores regulares durante las siguientes misiones. A pesar de la brutalidad de esta práctica, se trataba de un patrón recurrente en estos viajes.

Además de obligar a los lugareños a servir de guías, a menudo se llevaba a los indígenas al punto de origen de la expedición simplemente como prueba viviente de que la tripulación había viajado a donde decían. Sí, no se podía negar que Jacques Cartier había desembarcado en una tierra nueva y extraña cuando tenía un príncipe iroqués a su lado al regresar a Francia. Cartier realizó su viaje de vuelta a Norteamérica en 1535, desembarcando en las costas del actual Quebec.

De hecho, poco después de este desembarco, Canadá recibió su nombre. En ese momento, uno de los guías iroqueses de Cartier hizo referencia a la tierra como *Kanata*, la palabra iroquesa para «lugar de encuentro» o «asentamiento». Cartier comenzó a utilizar esta palabra para referirse a la totalidad de la tierra, y se mantuvo. A partir de ese momento, el trozo más septentrional de América del Norte en su totalidad se conocería como «Canadá». Esta expedición también bautizó una cala con el nombre de San Lorenzo, y con el tiempo, el mencionado golfo de San Lorenzo adquirió el mismo nombre.

A pesar de la anterior toma de cautivos por la fuerza, los franceses mantuvieron en realidad muy buenas relaciones con los iroqueses locales de Quebec. Los iroqueses valoraban a los franceses por los utensilios de acero por los que podían cambiar sus pieles.

En un principio fue un acuerdo bastante beneficioso para ambos. Los franceses podían beneficiarse de las pieles finas, vendiéndolas en Europa con grandes beneficios, y los iroqueses podían obtener productos de acero, como ollas de acero para cocinar y cuchillos de acero para la caza y la guerra, objetos que de otro modo no habrían tenido. Gracias a sus sólidas relaciones con los iroqueses, los franceses pudieron viajar a través de sus tierras prácticamente sin obstáculos, y para ese mes de octubre, se habían abierto camino hacia el norte hasta el asentamiento iroqués de Hochelaga, mucho más grande.

En el asentamiento, se dice que más de mil lugareños recibieron a los exploradores. Es bastante obvio que ya se había corrido la voz sobre su presencia. Se podría pensar que estos franceses, muy superados en número y metidos hasta las rodillas en una tierra extranjera, podrían haber tenido algún recelo. Sin embargo, debido a las relaciones amistosas que se establecieron a través del comercio, junto con la gran superioridad de las armas francesas —casi ninguno de los lugareños tenía armas en ese momento— los franceses estaban bastante seguros de que podían manejar casi cualquier cosa.

La situación era evidentemente muy diferente a la que supuestamente encontraron los vikingos varios siglos antes, ya que su único mal encuentro fue suficiente para hacerles regresar a Groenlandia. A diferencia de los nórdicos, los franceses estaban bastante seguros de sus esfuerzos. Supuestamente, cuando Cartier subió con confianza a la cima de una enorme colina, bautizó el lugar como Monte Real. De ahí surgió el nombre del futuro asentamiento de Quebec, Montreal.

Curiosamente, Cartier aún no había renunciado a la vieja idea de que un rápido viaje a través de esta nueva frontera podría llevarle a las costas de Asia Oriental. Observó los rápidos del río San Lorenzo, que estaba al oeste del asentamiento. Tal vez pensó que, de alguna manera, podría llevarle a China. Sea como fuere, se refirió a ellos como los rápidos de Lachine o, en otras palabras, los rápidos de «China».

Cartier y su tripulación acabaron pasando el invierno en Quebec. Durante esta prolongada estancia, los franceses se las arreglaron para sobrepasar su bienvenida en lo que respecta a los iroqueses. La rama laurentina de los iroqueses, que sospechaba de algunas de estas expediciones río arriba, se había frustrado con los franceses. Pero una amenaza mucho mayor que cualquier hostilidad local para estos exploradores franceses eran los elementos. Aquel año, en Quebec, el invierno fue brutalmente frío y, en enero, los franceses se enfrentaron a barcos que casi quedaban cubiertos de hielo. Y en tierra, sus campamentos estaban a menudo cubiertos por varios metros de nieve.

Mientras tiritaban de frío, aparecieron las enfermedades, especialmente los casos graves de escorbuto por la falta pronunciada de vitamina C. Solo después de aprender a utilizar una cura de los nativos americanos consistente en hervir la corteza y las hojas del árbol de cedro blanco y beber el brebaje, la enfermedad de la tripulación se alivió. Al recuperarse, los franceses expresaron su interés en dirigirse al oeste para visitar la tierra de las tribus de Saguenay.

Los franceses habían oído rumores de que el Saguenay tenía yacimientos de cobre y deseaban saber más. Sin embargo, se les acabó el tiempo y, en la primavera de 1536, tuvieron que regresar a Francia. Las turbulencias internas y la guerra con España acabaron por postergar las expediciones, y Francia no volvería al Nuevo Mundo hasta 1541. En este viaje de regreso, Cartier dirigió una expedición al oeste de Quebec para comprobar la legendaria tierra del Saguenay, así como para intentar de nuevo acceder al Paso del Noroeste (una ruta marítima que conectaba el Atlántico y el Pacífico).

A su regreso a Canadá, este grupo de exploradores franceses se dividió en dos equipos. Cartier dirigió un equipo de exploradores y se dirigió río arriba a la región de Cap-Rouge. Allí desembarcaron y unos 150 miembros de la tripulación instalaron su campamento. Trajeron ganado, iniciaron un proyecto agrícola y construyeron viviendas. Pasaron un invierno duro y fueron atacados ocasionalmente por las tribus locales. Se dice que unos treinta y cinco de ellos murieron. Los resultados de este experimento fueron tan terribles que Cartier estaba dispuesto a regresar en primavera.

Con un barco cargado de cuarzo y pirita (oro falso), Cartier regresó a Francia. Al parecer, tenía la falsa impresión de que poseía diamantes y oro auténtico. Se dice que fue tan ridiculizado por su ignorancia que la frase «Faux comme un diamant du Canada», o, como se dice en español, «Tan falso como un diamante canadiense» se convirtió en una frase muy extendida en Francia.

Tras el viaje de vuelta de Cartier, la otra mitad de la expedición llegó al asentamiento de Cap-Rouge. Este grupo estaba formado por doscientos colonos dirigidos por el explorador Jean-François de La Rocque de Roberval. Hicieron todo lo posible para capear literalmente las tormentas del invierno canadiense, pero cincuenta de ellos morirían antes de terminar. Roberval regresaría a Francia ese mismo verano. Debido a la falta de resultados y a la agitación en el frente político de Francia en Europa, se dejaron de lado las exploraciones durante las siguientes décadas.

Sin embargo, a principios del siglo XVII, un nuevo explorador francés —Samuel de Champlain— comenzó a continuar donde todos los demás lo habían dejado. Participó en la expedición de Grave y llegó al valle del San Lorenzo a finales de 1603. Les acompañaba Pierre Dugua de Mons, un hombre que lideraba el comercio de pieles. Este elenco de personajes buscaba afianzarse en el interior de Canadá. Pierre acabó llevando a su tripulación a lo que hoy llamamos Nueva Escocia, que está justo al sur de Terranova, estableciéndose en la región en 1604. Esto condujo al establecimiento de Port Royal y a los inicios de una colonia francocanadiense de larga duración llamada Acadia.

El primer invierno fue duro, y se dice que setenta y nueve de estos primeros colonos franceses perecieron antes del primer deshielo. Sin embargo, los franceses se quedaron y, en 1606, su situación se había estabilizado. Sin embargo, poco después, Pierre tomó la decisión de marcharse debido a lo que consideraba una falta de empresa rentable. Durante la estancia de los franceses en Port Royal, se habían hecho muchos esfuerzos para extraer minerales preciosos, pero no se consiguió mucho. La siempre presente misión paralela de encontrar el Paso del Noroeste tampoco había dado ningún resultado. El puerto parecía incluso carecer de un puesto comercial para comerciar con pieles, ya que casi cualquier competidor europeo podía pasar por allí y arrebatar el negocio a los franceses sin tener que echar raíces en la región. Por todas estas razones, el gasto de mantener este puesto de avanzada comenzó a parecer demasiado costoso de mantener.

Port Royal acabaría siendo retomado por Jean de Biencourt de Poutrincourt et de Saint-Just (sí, tenía un nombre bastante largo) varios años después como una comunidad agrícola autosuficiente. Y poco después, los jesuitas establecerían una base católica para los misioneros franceses. Port Royal acabaría siendo destruido por los británicos en 1613 tras una escaramuza mortal.

Mientras tanto, Champlain y compañía regresaron al valle del San Lorenzo en 1608. Su objetivo era crear un punto de apoyo sólido en el interior de Canadá y mantener alejados a otros competidores europeos. Champlain supervisó la construcción de un nuevo asentamiento, situado en torno a varias estructuras de madera fortificadas. Las fortificaciones se reforzaron aún más amurallándolas con una empalizada de madera.

Estos colonos se encontraban lejos de su hogar y podían ser asaltados por una fuerza exterior en cualquier momento sin ningún recurso o ayuda adicional para asistirlos. Por ello, debían asegurarse de que su asentamiento fuera lo más inexpugnable posible. El estrecho que rodeaba el asentamiento solo se podía cruzar mediante un puente abatible. Fue esta característica la que inspiró a los franceses a nombrar el asentamiento como «Quebec», una variación francesa de la palabra *Quebec*, utilizada por la tribu algonquina local, que traducida a grandes rasgos significaba «paso estrecho».

Pero aunque los franceses estaban bastante seguros en su fortaleza en medio del desierto canadiense, no eran inmunes a sucumbir a las enfermedades y a los elementos. Y ese invierno sería otro duro, con unos veintiocho colonos franceses pereciendo.

Los franceses consiguieron establecer relaciones amistosas con la tribu local de los montagnais. Los propios montagnais buscaban un aliado, ya que se encontraban en una amarga guerra con los iroqueses. Los iroqueses tenían la ventaja militar y estaban causando estragos en los montagnais. Los montagnais querían utilizar a los franceses para recuperar la ventaja, lo que esperaban hacer a través del comercio. Buscaban herramientas de acero, así como mosquetes franceses, que podrían utilizar contra sus adversarios. Satisfechos con el comercio francés, los montagnais dieron un paso más y solicitaron a los franceses que se unieran activamente a su lucha contra los iroqueses.

Los franceses, deseosos de mantener la colaboración, decidieron finalmente aceptar la propuesta de los montagnais. Así, en 1609, Champlain dirigió una fuerza conjunta de montagnais y franceses contra los iroqueses. Acabaron enfrentándose a una banda de unos doscientos iroqueses, y aunque los franceses y los montagnais estaban en inferioridad numérica, los mosquetes franceses resultaron decisivos para cortar las posiciones enemigas y hacer que los iroqueses se retiraran.

Al ayudar a sus aliados tribales, los franceses recibieron, a su vez, información importante sobre el interior de la tierra, así como herramientas y estrategias únicas para sobrevivir a los elementos. Por ejemplo, los lugareños introdujeron a los franceses las raquetas de nieve y los toboganes, que les ayudaron a desplazarse incluso en medio de las fuertes tormentas invernales. Pero lo más importante es que sus ingeniosos aliados tribales empezaron a suministrar regularmente a los franceses abundante caza, que era más que suficiente para mantenerlos durante los largos periodos invernales.

Los nativos también enseñaron a los colonos franceses el fino arte de fabricar azúcar de arce, que se convertiría en un elemento básico de la dieta de los colonos. Champlain pronto trató de ampliar sus alianzas entrando en contacto con otra poderosa tribu. En 1610, envió un tanteo a los poderosos hurones. Tras el contacto, los franceses establecieron un intercambio de rehenes con los hurones.

Esta práctica parece espantosa, pero era bastante común en el mundo antiguo, y era una práctica conocida entre las tribus norteamericanas. Consistía en que una parte enviaba a uno de los suyos a cambio de un miembro de la otra parte. Así, en este caso, los franceses enviaron a uno de sus jóvenes, un hombre llamado Étienne Brûlé, a vivir con los hurones, mientras que los franceses acogieron en su seno a un joven hurón llamado Savignon. A través de su invitado especial y de otras relaciones posteriores, los colonos franceses llegaron a conocer bastante bien al pueblo hurón.

Descubrieron que este grupo tribal contaba con una población bastante numerosa —se dice que tenía treinta mil habitantes— que estaba estacionada alrededor de uno de los Grandes Lagos, el que ahora llamamos lago Hurón. Los franceses también descubrieron que la tribu hurona era lo suficientemente poderosa como para enfrentarse a los poderosos iroqueses. Los hurones dominaban el comercio en la región de los Grandes Lagos de Canadá, dominando el comercio desde el lago Hurón hasta el lago Superior y hasta la bahía de James. De hecho, la presencia de los hurones era tan importante que su lengua nativa se había convertido en la principal lengua franca de la región, simplemente como medio para que las demás tribus pudieran realizar el comercio.

Por todas estas razones y otras más, los franceses decidieron establecer relaciones formales con los hurones para poder utilizarlos como una valiosa pieza en su propia rueda internacional de redes comerciales. Y en la década de 1620, los hurones suministraban a los franceses la gran mayoría de las pieles que recibían. Trabajando como intermediarios locales, los hurones reunían hasta quince mil pieles de las tribus circundantes cada año para comerciar con los franceses.

El hecho de que los hurones se convirtieran en el principal intermediario de esta red comercial los colocaba en una posición de poder sobre sus pares indígenas, ya que significaba que las otras tribus se veían obligadas a intercambiar sus pieles con los hurones a cambio de valiosos bienes franceses, que los propios hurones habían recibido de los franceses en el proceso de realizar el comercio. Una vez establecida esta relación de «intermediario», si los locales querían acero francés, tenían que acudir a los hurones para conseguirlo. Y si los franceses querían pieles, también tenían que acudir a los hurones.

Sin embargo, esta fuerte alianza entre los franceses y los hurones tenía su lado negativo, ya que significaba que los franceses estaban obligados a participar en operaciones militares contra la mayor amenaza de los hurones: los iroqueses. Esto sentaría las bases para futuros enfrentamientos no solo con la Confederación Iroquesa, sino también con los británicos, ya que fueron estos los que finalmente se aliarían con los iroqueses contra sus rivales, los franceses.

Capítulo 5 - El surgimiento de la Nueva Francia

«Canadá tiene una cultura pasivo-agresiva, con mucho sarcasmo y rectitud. Eso iba con mi extraño complejo mesiánico. El ego es un monstruo fascinante. Desde pequeño me enseñaron que tenía que servir, así que eso se convirtió en que pensaba que tenía que salvar el planeta».

-Alanis Morrissette

Aunque los británicos llegaron a Canadá ya en 1497 gracias a los esfuerzos de John Cabot, su verdadero éxito se produjo en 1607 con la fundación de Jamestown, en la actual Virginia. Esta colonia tuvo sus altibajos, pero poco a poco se hizo fuerte. En la década de 1620, contaba con una gran población y sus habitantes destacaban en la agricultura, lo que la hacía muy atractiva para que se establecieran allí más futuros colonos.

El éxito de Jamestown hizo que el gobierno francés se diera cuenta de que algo faltaba en su propio proyecto de colonización en el territorio canadiense. Se decidió que la colonia francesa era demasiado dependiente del comercio de pieles y que necesitaba diversificar sus inversiones. En este sentido, el rey Luis XIII de Francia hizo que su principal funcionario de la corte —el cardenal

Richelieu— hiciera saber que la colonia canadiense de Nueva Francia debía abandonar su adicción al comercio de pieles.

Se hizo saber que para que la colonia dejara de ser tan dependiente y fuera más competitiva con las demás potencias europeas, necesitaba desarrollar una base agrícola e industrial propia y fuerte en Canadá. Fue a través del cardenal Richelieu que se organizó una nueva expedición colonial a través de la llamada «Compañía de los Cien Asociados».

Esta compañía estaba formada por cien inversores que aunaban sus finanzas para maximizar los beneficios de Nueva Francia, así como para difundir las misiones religiosas. La Compañía de los Cien Asociados se comprometió a enviar unos cuatro mil colonos a Nueva Francia, así como a promover la actividad misionera, a lo largo de un periodo de quince años. Sin embargo, justo cuando este renovado esfuerzo colonial estaba cobrando fuerza, estalló la guerra entre Inglaterra y Francia.

Así, en el marco de estos esfuerzos de colonización, los piratas británicos asaltaron los asentamientos franceses. En 1627, los británicos lograron incluso apoderarse de los barcos franceses que transportaban a unos cuatrocientos aspirantes a colonos franceses, interrumpiendo su intento de colonizar el territorio canadiense antes incluso de que consiguieran desembarcar. Bajo una inmensa presión, el propio Champlain fue derrotado por los británicos en julio de 1629 y obligado a abandonar Quebec.

Parecía que el Quebec francés estaba prácticamente perdido, pero debido a las intrigas políticas entre los jefes de Estado británicos, se llegó a un acuerdo para devolver el territorio a Francia. Resulta que el rey inglés, Carlos I, se había casado con la hermana del rey francés Luis XIII, y utilizó la captura del territorio francés como moneda de cambio para obligar al rey francés a pagar la dote de su hermana. El rey francés lo hizo en 1632, y eso fue suficiente para que los británicos devolvieran el territorio capturado a Francia.

Champlain regresó a Quebec en 1634, donde volvió a lo que mejor sabía hacer: el comercio de pieles. Estableció un nuevo puesto de comercio de pieles en la región de «Trois-Rivières» en el año 1634. Samuel de Champlain falleció al año siguiente, y con su muerte, la administración de este puesto pasó a manos de las misiones católicas francesas, con los jesuitas asumiendo un papel principal.

Los jesuitas, por supuesto, tenían la misión principal de convertir a los habitantes nativos al cristianismo. Lo hicieron con mayor o menor éxito. A los nativos les costaba entender los conceptos cristianos, y se podría argumentar además que quizás los jesuitas no presentaban los principios de su fe de la forma más comprensible. Sin adentrarse demasiado en los ámbitos metafísicos de la fe, el concepto básico del cristianismo es que la humanidad se había extraviado a nivel espiritual, lo que llevó a Dios a manifestarse en forma física a través de la persona de Jesucristo.

Sin embargo, si los jesuitas, al igual que muchos predicadores de hoy en día, se limitaran a repetir frases clave sin explicación, podría haber sido difícil para los lugareños seguirlas. Sin el apoyo metafísico adecuado, probablemente se confundieron con lo que los predicadores franceses estaban hablando. Y lo que podría haber sido una poderosa narración espiritual sobre un Dios creador que amaba tanto a su creación que adoptaba una forma humana para rescatarla, se convirtió en una charla incomprensible sobre sangre y crucifixión.

Los jesuitas intentaron relacionarse con su público hurón a un nivel más personal y descubrieron similitudes en sus creencias que podían servir de base común. Tanto los hurones como los cristianos, por ejemplo, creían en lo sobrenatural y en su influencia en la vida cotidiana. Los jesuitas pudieron utilizar esta inclinación natural hacia lo sobrenatural que ya tenían los hurones y redirigirla hacia el cristianismo.

Los jesuitas respetaron los rituales hurones de ayuno y búsqueda de visiones, reconociéndolos como similares al ayuno y la comunión católicos. También era importante el hecho de que los hurones creyeran firmemente en la vida después de la muerte, lo que proporcionó a los jesuitas un territorio familiar sobre el que desarrollar la predicación de la creencia cristiana en el cielo.

Sin embargo, cuando los jesuitas estaban a punto de ganarse la confianza y hacer incursiones, consiguieron, sin saberlo, dispararse en el pie. Sin saberlo, llevaban sobre sus hombros cepas de infecciones víricas procedentes de Europa a las que ellos mismos eran en gran medida inmunes, pero a las que los indígenas no tenían inmunidad. En el transcurso de sus misiones, los jesuitas propagaron sin saberlo la viruela a la población local. La enfermedad devastó por completo a las comunidades huronas. Curiosamente, los hurones no tardaron en relacionar la visita de los jesuitas con la llegada de la enfermedad.

Los hurones, que siempre veían las cosas a través de una lente sobrenatural, se convencieron de que los jesuitas utilizaban de algún modo la magia maligna contra ellos. Creían que el hecho de que estos sacerdotes no enfermaran mientras su presencia parecía enfermar a tantos otros era una indicación de que tenían algún tipo de poder maligno y sobrenatural. Esto hizo que los hurones pasaran de estar confundidos y ser indiferentes a la predicación de los jesuitas a volverse totalmente intolerantes.

Aun así, los hurones sabían que no podían expulsar a los sacerdotes directamente, ya que se arriesgarían a perder el comercio con los franceses, del que dependía gran parte de su supervivencia. Solo cuando los iroqueses empezaron a introducirse también en el mercado comercial, haciendo negocios con comerciantes ingleses y holandeses, la situación de los hurones pareció casi imposible. Los iroqueses tenían ahora mejores y más abundantes armas que los hurones, lo que hizo que los dirigentes hurones tuvieran serias dudas sobre lo beneficiosa que seguía siendo su relación con los franceses.

Teniendo en cuenta la agresiva conversión a la que les obligaban los jesuitas franceses y su debilitada posición frente a sus rivales tradicionales (los iroqueses), algunos líderes hurones estaban muy preocupados. Uno de ellos llegó a comentar: «Nos dicen que Dios está lleno de bondad, y luego, cuando nos entregamos a él nos masacra. Los iroqueses, nuestros enemigos mortales, no creen en Dios, no aman las oraciones, son más perversos que los demonios, y, sin embargo, prosperan; y como hemos abandonado los usos de nuestros antepasados, nos matan, nos masacran, nos queman, nos exterminan de raíz. ¿De qué nos puede servir escuchar el Evangelio, ya que la muerte y la fe marchan casi siempre en compañía?»

Teniendo en cuenta todas las desgracias que les habían ocurrido, es comprensible que los hurones no supieran qué hacer con la situación en la que se encontraban. Al final, sin embargo, optaron por continuar con los franceses, pensando que cambiar de bando en ese momento solo traería más destrucción a su comunidad. Esta decisión de permanecer con los franceses preparó el terreno para un enfrentamiento entre los hurones y los iroqueses en la primavera de 1649.

En esa época, un enorme ejército iroqués atacó un importante asentamiento hurón, matando o haciendo prisioneros a casi cuatrocientos hurones. Los que no fueron asesinados fueron obligados a unirse a los iroqueses como miembros adoptivos, y a través de ellos se dirigieron nuevas incursiones. Curiosamente, estos guerreros hurones convertidos en iroqueses sentían un odio especial por los sacerdotes jesuitas, y al atacar los asentamientos franceses, capturaron a muchos jesuitas y los torturaron sistemáticamente en lo que era, a sus ojos, una venganza por todos los problemas que creían que estos sacerdotes habían causado a su pueblo.

La derrota definitiva de los hurones provocó un vacío de poder en la región, que los iroqueses no tardaron en llenar. Pero los iroqueses no se propusieron convertirse en aliados de los franceses, sino que empezaron a hacerles la guerra. Los franceses se quedaron sin su principal aliado nativo, por lo que se vieron obligados a enfrentarse a esta amenaza resurgente. A principios de la década de 1650, se produjeron varias escaramuzas entre los colonos franceses y los iroqueses. Lo único bueno para Nueva Francia durante este periodo fue que la población francesa real había llegado a ser finalmente considerable, alcanzando más de tres mil personas en 1662.

En 1663, el rey Luis XIV de Francia decidió ayudar a la estatura de esta creciente colonia. Declaró la colonia como provincia real oficial de Francia. Este estatus permitió a la colonia adquirir una prerrogativa mucho mayor. Al ser ahora una provincia, Nueva Francia tendría su propio gobernador, lo que significaba un canal directo con el rey de Francia. Pero lo más importante es que esta distinción significaba que se podían desplegar más tropas militares. Y en 1665, se enviaron mil tropas a la provincia de Nueva Francia.

La provincia también fue abastecida de caballos. Esta fue una ocasión trascendental, ya que los aliados nativos de los colonos nunca habían visto estos animales. Sí, por mucho que los nativos americanos llegaran a asociarse con los caballos en años posteriores, el caballo no era conocido por ellos en esta época (aunque se cree que sus antepasados los montaron alguna vez). Los europeos trajeron los caballos a varias partes de América del Norte y del Sur, y a partir de ahí se multiplicaron rápidamente.

Se dice que los aliados indígenas de los franceses admiraban mucho a estos majestuosos animales y se referían a ellos como los «alces franceses», ya que los alces autóctonos de Norteamérica eran lo más parecido a los caballos importados a sus tierras. Al año siguiente, los franceses llevaron a su creciente ejército a enfrentarse a un miembro de la Confederación Iroquesa, una tribu llamada los mohawks.

Los mohawks no pudieron hacer frente a esta gran fuerza y acabaron rindiéndose a los franceses en 1667. Los seneca, otra tribu de la Confederación Iroquesa, negociaron la paz pocos años después. Estos acontecimientos demostraron que la colonia de Nueva Francia podía valerse por sí misma. Y en 1671, los franceses habían tomado el control de toda la región de los Grandes Lagos. Sus nuevos aliados nativos, los algonquinos, se desplazaron entonces para tomar el antiguo territorio de los hurones.

Los iroqueses, para variar, se sabían vencidos, y después de que los británicos firmaran un tratado de paz con los franceses en 1697, los iroqueses hicieron lo mismo, forjando un tratado de paz en 1701. Se dice que el establecimiento de este tratado con el viejo enemigo de Nueva Francia fue todo un acontecimiento, que duró varios días. Durante la firma, más de mil representantes de los iroqueses, que representaban a unas cuarenta naciones diferentes, se dirigieron a Montreal.

En lugar de limitarse a firmar un trozo de papel, estos miembros de la Confederación Iroquesa se aseguraron de dar sus propios saludos extensos y palabras de sabiduría. Después de estos momentos de reflexión, se intercambiaron varios regalos, así como antiguos prisioneros de guerra. Solo después de que toda esta gran fiesta hubiera seguido su curso, se firmó realmente el tratado el 4 de agosto de 1701.

Sin embargo, la paz y la tranquilidad general de Nueva Francia se romperían diez años después cuando los británicos decidieron lanzar un gran ataque naval contra las posesiones francesas en Canadá. En primer lugar, se lanzó un ataque contra Acadia en 1710, al que siguió otro al año siguiente contra Quebec. Esta última guerra con los británicos duraría un par de años más antes de que las dos partes firmaran el Tratado de Utrecht en 1713.

Este tratado permitió a Francia conservar la mayor parte de su territorio, pero los franceses tuvieron que aceptar ceder la región de Acadia a los ingleses. Fue un precio difícil de pagar, pero este tratado daría a Francia unos treinta años de paz antes de que comenzara la siguiente ronda de combates.

Capítulo 6 - El siguiente asalto: Francia e Inglaterra compiten por el dominio

«Canadá tiene dos emblemas: el castor y el arce».
-John W. Dawson

Tras la firma del Tratado de Utrecht en 1713, Canadá se dividió de forma bastante equitativa entre franceses y británicos. Los británicos recibieron los territorios de Nueva Escocia, Terranova y secciones de la Tierra de Rupert, además de lo que ya tenían. Las colonias británicas se extendían ahora a lo largo de toda la costa oriental de Norteamérica, desde Terranova hasta la frontera con Florida, que seguía controlada por España.

Francia, mientras tanto, puede haber perdido algunos territorios, pero las colonias que mantenía comenzaron a prosperar como nunca antes. Con menos preocupaciones por luchar y morir en guerras interminables, la población de las colonias se disparó, y en la década de 1750, Nueva Francia contaba con unos cincuenta mil colonos. Esto supuso una gran mejora con respecto al siglo anterior, que apenas superaba el millar.

Estos colonos también estaban mucho mejor provistos, ya que cada hombre tenía su propia propiedad con cerdos, pollos, vacas e incluso algunos caballos. Los francocanadienses se convirtieron en expertos en el cultivo de cosechas, como el trigo, para alimentarse, y cortaban leña para calentarse. También había abundante fauna para cazar, y la pesca siempre daba resultados estelares.

A pesar de los fríos inviernos, Nueva Francia se había convertido en una tierra de abundancia. A medida que los colonos aprendían a adaptarse mejor, incluso el frío ya no era una gran dificultad. Habían aprendido a construir casas que conservaban bien el calor, ya que estaban diseñadas con una chimenea justo en el centro de la vivienda. Los colonos también empezaron a confeccionar ropas que conservaban el calor al máximo, lo que les aliviaba la carga de tener que desplazarse en los días fríos. Incluso aprendieron a realizar algunos pasatiempos divertidos a pesar del clima, como el patinaje sobre hielo y los paseos en trineo.

Pero no todo era bueno para todos los canadienses franceses. Para los que se quedaron en las tierras de las que se habían apoderado los británicos, como Nueva Escocia, la vida no siempre fue tan fácil. Los ingleses desconfiaban naturalmente de sus nuevos súbditos francocanadienses, y en múltiples ocasiones intentaron que los francocanadienses firmaran un juramento de lealtad.

Las cosas llegaron a un punto crítico en 1755, cuando se les exigió que firmaran un juramento en el que se comprometían a tomar las armas y luchar por Gran Bretaña si alguna vez estallaba la guerra. Los francocanadienses no querían luchar contra sus propios amigos y parientes en el cercano territorio controlado por los franceses si las dos naciones llegaban a las manos, y se negaron rotundamente a firmar.

Las autoridades británicas no estaban contentas y decidieron desalojar a los franceses. En agosto, se anunció a los franceses bajo jurisdicción británica que se negaban a firmar el juramento que «Vuestras tierras y tenencias, el ganado de todo tipo y los animales de toda clase quedan confiscados a la Corona con todos vuestros efectos, salvo el dinero y los enseres domésticos, y vosotros mismos seréis expulsados de esta provincia».

Después de recibir este ultimátum, se dice que en el transcurso de los años siguientes, unos diez mil canadienses franceses fueron expulsados del territorio controlado por los británicos. De ellos, una parte considerable se dirigió al territorio de Luisiana, controlado por los franceses. El resto fue expulsado a lo largo y ancho del país: algunos se asentaron en otras colonias controladas por los británicos, otros en otras regiones controladas por los franceses y los demás regresaron a la propia Francia.

La guerra volvería a estallar entre Gran Bretaña y Francia en 1756, ya que la guerra de los Siete Años había comenzado a librarse en el continente europeo. Para entonces, las colonias francesas y británicas ya habían estado luchando entre sí en lo que se conoce como la guerra franco-indígena. Sin embargo, esta guerra suele considerarse como uno de los escenarios de la guerra de los Siete Años. Esto significó que el bastión francés de Quebec se convirtiera en la base principal de una acumulación de tropas, así como de expatriados franceses adicionales. El director de esta acumulación militar era el gobernador de Nueva Francia, el marqués de Vaudreuil. El capitán de las fuerzas terrestres era un hombre llamado Louis-Joseph, también conocido como el marqués de Montcalm.

A pesar de su nombre, el marqués de Montcalm no era muy tranquilo. De hecho, era conocido por ser agitado y de mal genio. Y no pasó mucho tiempo antes de que él y el gobernador se enfrentaran. Lo más preocupante para el esfuerzo bélico francés era que estos dos hombres estaban en gran desacuerdo con la estrategia. Montcalm quería utilizar las tácticas de batalla europeas habituales, que consistían en hacer marchar a un ejército en formación directamente hacia el enemigo. Vaudreuil, un hombre que había nacido y crecido en Norteamérica, quería utilizar el mismo tipo de ataques de golpe y fuga que tanto éxito tuvieron para las tribus nativas americanas. En lugar de atacar de frente contra el enemigo, Vaudreuil quería utilizar tácticas más astutas para pillar a sus oponentes británicos con la guardia baja. Sin embargo, a pesar de las discusiones sobre las tácticas, la guerra siguió adelante.

En un principio, los franceses y sus aliados nativos americanos lograron rechazar a los británicos del interior de Canadá. Francia también estaba venciendo a los británicos en tierra en Europa. Fue entonces cuando los británicos decidieron sacar su carta de triunfo: la Royal Navy. Gran Bretaña contaba con la mejor armada del momento, y los británicos decidieron que si no podían vencer a los franceses por tierra, lo harían por mar. Enviaron una poderosa flota a uno de los mejores puertos canadienses de Francia —Louisbourg— y comenzaron a bombardearlo sin piedad en 1758.

Aun así, el puerto resistió un par de meses y, a pesar de los destrozos y la ruina que lo rodeaban, lo único que acabó por derrotar a los defensores franceses fue su propia hambre. Cuando los alimentos del asentamiento asediado empezaron a agotarse, se dieron cuenta de que no tenían más remedio que rendirse. No pasó mucho tiempo después de esta victoria para que los británicos pusieron sus ojos en su siguiente objetivo principal en Norteamérica: Quebec.

La invasión británica de Quebec comenzó a principios de 1759, cuando unos veintinueve barcos de guerra erizados de artillería, junto con quince mil soldados a bordo de otras embarcaciones de ataque, remontaron el río San Lorenzo y se enfrentaron a las poderosas fortificaciones de Quebec. Montcalm estaba a cargo de la defensa de Quebec, y probó una variedad de tácticas para rechazar a los intrusos.

En primer lugar, envió un pequeño grupo de barcos de fuego hacia la flota británica que se acercaba. Se trataba de naves de madera incendiadas a propósito con la intención de enviarlas volando hacia las naves del adversario para que se incendiaran. Sin embargo, los barcos no alcanzaron su objetivo y, para alegría de los británicos, se limitaron a arder a cierta distancia. Montcalm intentó desesperadamente que el rey francés enviara refuerzos mientras tanto, pero Francia estaba demasiado ocupada con la guerra en Europa propiamente dicha. Solo pudo enviar como mucho unos cientos de auxiliares para reforzar la defensa de Nueva Francia.

Cabe mencionar que tales desaires no eran nuevos para las colonias francesas, y muchos de los súbditos franceses ya estaban cansados del aparente desprecio de sus señores franceses hacia ellos. Teniendo en cuenta la trayectoria de este sentimiento, solo se puede especular que si los británicos no se hubieran apoderado de las colonias francesas en América del Norte, los colonos franceses podrían haber organizado una revolución propia contra la Francia continental.

En cualquier caso, ante una invasión enemiga en 1759, estas cosas eran la menor de las preocupaciones de estos colonos. Los británicos comenzaron a bombardear Quebec la noche del 12 de julio. En Estados Unidos, el bombardeo de la Revolución estadounidense se conmemora el 4 de julio con fuegos artificiales porque, después de soportar lo peor que los británicos podían repartir, con sus «bombas estallando en el aire», la «bandera de los revolucionarios estadounidenses seguía ahí». Sin embargo, los francocanadienses de Quebec no tuvieron tanta suerte, y este bombardeo británico del 12 de julio les pasó factura. Los británicos lanzaron bombas incendiarias que destrozaron casas, iglesias, negocios y cuarteles militares por igual, quemándolos hasta los cimientos en ardientes explosiones. También lanzaron repetidamente morteros y balas de cañón que golpearon las fortificaciones de Quebec.

Aunque los escombros y las ruinas los rodeaban, los franceses resistieron unos meses más. Pero cuando su suministro de alimentos empezó a escasear, parecía que iban a repetir la última derrota a manos de los británicos. Los británicos dieron el golpe final el 12 de septiembre, cuando una fuerza británica de unos trescientos hombres tocó tierra en L'Anse-au-Foulon. Encontraron un sendero salvaje que les permitía sortear las fortificaciones de la costa. Después de caminar unos 45 metros hasta las cimas de los acantilados, pudieron dominar fácilmente a los defensores franceses, que no estaban preparados para un asalto total.

En el momento de esta brecha, el grueso de las fuerzas francocanadienses estaba a una hora de distancia. En cuanto se enteraron de lo que estaba ocurriendo, se apresuraron a venir tan rápido como pudieron. Los ejércitos se encontraron poco después y se produjo una batalla terrestre culminante. Al igual que los británicos y los franceses luchaban a muerte en el continente europeo, ahora lo hacían en Norteamérica.

La batalla no fue buena para los franceses. El propio Montcalm murió en la refriega y las fuerzas francesas se vieron obligadas a retirarse al abrigo de la naturaleza. En lugar de que la bandera francesa sobreviviera a este ataque, el 18 de septiembre se vio ondear la bandera británica en Quebec. Los británicos tenían ahora el control de Quebec, y su problema más inmediato era ahora qué iban a hacer con él.

Después de todo, ahora eran los administradores de una ciudad destrozada y en ruinas, que contenía una población asustada de civiles extranjeros. También existía la amenaza de las enfermedades, con brotes entre estas masas apiñadas que no eran en absoluto infrecuentes. Los británicos también tuvieron que enfrentarse a los combatientes franceses de Montreal. Esta ciudad fortificada aún no había caído, y una fuerza francesa fue enviada para intentar recuperar el terreno perdido ante los británicos. Este contingente francés chocó con los británicos en las llanuras abiertas en abril de 1760.

Los británicos tuvieron problemas con su artillería, ya que se hundió en el barro primaveral, quedando relativamente inútil. La batalla fue campal, pero no hubo un claro vencedor. Tanto los franceses como los británicos necesitaban refuerzos, así que cuando se vio llegar un barco por el río San Lorenzo, ambos esperaron que hubieran llegado más compatriotas. Solo cuando la embarcación desplegó una bandera británica, los franceses supieron que toda esperanza estaba perdida. Las tropas francesas se vieron superadas en número, por lo que se retiraron a Montreal. Los británicos los persiguieron y Montreal se rindió poco después.

Tras su derrota, los franceses se preocuparon principalmente por la religión de los ciudadanos franceses que permanecerían bajo la ocupación británica. Por esta razón, los llamados «Artículos de Capitulación» debían tener una cláusula religiosa. La cláusula declaraba: «El libre ejercicio de la religión católica, apostólica y romana, subsistirá íntegramente, de tal manera que todos los estados y la gente de las ciudades y pueblos, lugares y puestos distantes, continuarán reuniéndose en las iglesias, y frecuentando los sacramentos como hasta ahora, sin ser molestados de ninguna manera, directa o indirectamente».

Y con ello, Canadá quedó en manos de los británicos, situación que se oficializó con el Tratado de París de 1763, que también puso fin a la guerra de los Siete Años. Pero aunque los franceses habían sido derrotados, aún quedaba la cuestión de qué hacer con sus aliados nativos americanos. Varias tribus locales se aliaron con los francocanadienses, y los británicos tuvieron que lidiar con los pueblos de las Primeras Naciones que quedaban. No todos ellos eran amistosos con estos recién llegados europeos.

Así lo demostraron las palabras de un jefe ojibwe, que comentó: «Ingleses, aunque habéis conquistado a los franceses, no nos habéis conquistado a nosotros». Y en lo que respecta a Pontiac —el famoso jefe de los ottawa—, para él la guerra seguía en pie.

Los ottawa temían la llegada de los británicos porque tendían a asentarse más densamente que sus aliados franceses, y también despejaban y utilizaban más tierras. Además, los ottawa no tenían relaciones comerciales con los recién llegados, por lo que tiene sentido que añorasen su estrecha relación con sus antiguos socios franceses. Pontiac no estaba dispuesto a negociar con los británicos y se enfrentó directamente a ellos.

Acabó lanzando varios asaltos, siendo uno de los más devastadores el que lanzó contra Fort Detroit, que había sido tomado recientemente por los británicos. Aquí, innumerables tropas y civiles británicos tuvieron un final espantoso. La embestida inicial de Pontiac fue bastante aterradora, pero no pudo mantener el entusiasmo entre sus tropas. Debido a una serie de factores, entre ellos el brote de viruela, así como el hecho de que los combatientes perdieran el interés y abandonaran la lucha para volver a sus antiguos terrenos, la ofensiva comenzó a estancarse.

Pontiac se dio cuenta de que no podía mantener un ejército lo suficientemente grande como para expulsar a los británicos, por lo que finalmente aceptó firmar un tratado de paz con ellos en 1766. Este fue el fin de los combates, y pronto sería el fin de Pontiac, ya que uno de sus propios desilusionados lo mató en un ataque de rabia por lo que se percibía como su derrota.

Sin embargo, los británicos llegaron a un entendimiento con los indígenas restantes. Este entendimiento llevó al gobierno británico a prohibir a sus súbditos el establecimiento de cualquier asentamiento no autorizado en el interior (al oeste de los montes Apalaches), que tradicionalmente se consideraba territorio de los nativos americanos. Con esta línea trazada en la arena, el Canadá británico pudo tener paz —al menos por el momento— con sus nuevos vecinos.

Mientras tanto, en el Canadá francés se tomaron decisiones para aliviar la carga de los canadienses franceses. A diferencia de lo que había sucedido con los anteriores colonos franceses que se encontraban bajo el dominio de los británicos, se decidió dar a estos francocanadienses un importante margen de maniobra. Se determinó que podrían mantener no solo su religión, sino también su propio derecho civil francés e incluso una forma de gobierno, ya que podrían tener sus propios funcionarios elegidos. Aunque hablarían francés y tendrían su propia religión y costumbres, a estos ciudadanos se les concederían los mismos derechos que al resto de los canadienses bajo dominio británico.

Estas medidas se concretaron en 1774 en lo que se conocería como el Acta de Quebec. Poco sabían los británicos que estas nuevas libertades para los francocanadienses provocarían insospechados anhelos de trece de sus colonias americanas un poco más al sur.

Capítulo 7 - La Revolución estadounidense y la guerra de 1812

«Pero, ¿qué entendemos por Revolución estadounidense? ¿Nos referimos a la guerra americana? La revolución se llevó a cabo antes de que comenzara la guerra. La revolución se produjo en la mente y el corazón del pueblo; un cambio en sus sentimientos religiosos, de sus deberes y obligaciones. Este cambio radical en los principios, opiniones, sentimientos y afectos del pueblo fue la verdadera Revolución estadounidense».

-John Adams

En 1775, a pesar de que Gran Bretaña había hecho la paz tanto con Francia como con sus propios súbditos franceses, los descendientes de los colonos británicos de las Trece Colonias que un día se convertirían en los Estados Unidos de América bullían de descontento. El Acta de Quebec del año anterior se consideraba un insulto para ellos, ya que creían que otorgaba a una pequeña población de Quebec un trato especial frente a la población mucho mayor de los colonos americanos (como en las Trece Colonias originales) del noreste. También estaban resentidos por el hecho de que su propia y pesada carga impositiva había contribuido a allanar el camino para la victoria de Inglaterra contra Francia, pero no sentían haber recibido muchos beneficios a cambio.

Los vecinos canadienses de Boston, Massachusetts, estaban especialmente indignados y organizaron el motín del té de Boston para mostrar su descontento en 1773. Se disfrazaron de iroqueses, asaltaron un barco y arrojaron el té a las aguas para protestar por los excesivos impuestos sin la debida representación.

Estas tensiones llevaron finalmente a las Trece Colonias a tomar la fatídica decisión de romper con Gran Bretaña, y los colonos lanzaron la Revolución estadounidense en 1775. Tras el inicio de la guerra, se produjo un momento de «estás con nosotros o contra nosotros», y muchos de los que deseaban seguir siendo leales a los británicos huyeron al norte, a Canadá.

Los francocanadienses, mientras tanto, deseaban permanecer neutrales. Hacía poco que habían arreglado las cosas con los británicos, y no sentían mucha simpatía por los rebeldes estadounidenses del sur, desde luego no la suficiente como para unirse a ellos en una guerra contra la que entonces era posiblemente la mayor potencia militar del planeta. Sin embargo, el general de las fuerzas revolucionarias, George Washington, no podía tolerar esta neutralidad, ya que consideraba que los franceses representaban una amenaza potencialmente grave para la revolución en caso de que los británicos les obligaran a marchar hacia el sur de las Trece Colonias.

Con todo esto en mente, Washington tiró los dados y decidió enviar fuerzas estadounidenses a Quebec para ver si se podía tomar Canadá por la fuerza. En el otoño de 1775, Washington dirigió las tropas sobre el lago Champlain y a través de Maine. Al principio, los estadounidenses tuvieron bastante éxito y, a finales de año, Montreal estaba en sus manos. Sin embargo, los defensores lograron recuperarse y el asedio estadounidense a la cercana ciudad de Quebec no tuvo el mismo éxito.

Uno de los hombres que lideró la carga contra la ciudad de Quebec fue quizás el estadounidense más infame de todos los tiempos: Benedict Arnold. El propio nombre de este hombre se convertiría en sinónimo de la palabra «traidor». Pero aunque Benedict Arnold se convertiría en un famoso traidor y se pasaría al bando británico, al principio de la guerra fue una figura formidable para la causa revolucionaria.

Junto con Arnold, otro general que dirigía el asedio era el general Richard Montgomery, que había llegado justo a tiempo desde Montreal para añadir unos setecientos soldados más al grupo que dirigía Arnold. Después de la victoria sobre Montreal, Montgomery se sentía audaz. De hecho, se atrevió a declarar que «comería la cena de Navidad en la ciudad de Quebec o en el infierno». Bueno, si de alguna manera se las arregló para comer la cena de Navidad ese año, ciertamente no fue en la ciudad de Quebec. Montgomery y sus tropas seguían fuera de las murallas de la ciudad después de la Navidad.

El 30 de diciembre, desafiando las condiciones de nieve, Montgomery y sus hombres lograron entrar en la ciudad, pero no les fue nada bien. El general Montgomery pasó justo al lado de un nido de artilleros, y su cabeza estalló cuando los potentes mosquetes se abrieron sobre él. Lo más probable es que muriera por la terrible herida que sufrió en la cabeza, pero aun así, los disparos siguieron llegando, acribillando literalmente al general estadounidense mientras su cuerpo se desplomaba en un montón sangriento sobre la nieve. La visión de su comandante brutalmente eliminado de esta manera envió una onda expansiva de miedo a través de las tropas del general Richard, ahora sin líder, e inmediatamente huyeron de la ciudad.

A Benedict Arnold le quedaba ahora intentar salvar el desastre. Su ejército, al igual que el del general Montgomery, consiguió entrar en la ciudad, pero no llegaron muy lejos. Arnold sería alcanzado por los disparos, con una bala que le atravesó la pierna, pulverizando carne y hueso. Incapaz de caminar, Benedict Arnold tuvo que ser retirado del campo. Los revolucionarios seguirían luchando sin él, pero debido a la falta de suministros, el brote de enfermedades y el aumento de las bajas, se empantanaron en la lucha callejera.

Las cosas empeorarían aún más cuando el 6 de mayo de 1776 llegaron refuerzos británicos a la escena. Incapaces de hacer frente a miles de tropas británicas frescas, los revolucionarios se vieron obligados a retirarse. Al final, Benedict Arnold, que fue sustituido en abril de 1776, no tuvo más que una lesión en la pierna y quizás una creciente desilusión con las capacidades de sus compañeros revolucionarios contra los británicos.

Con Quebec firmemente bajo su control, los británicos lo utilizarían como futuro punto de apoyo para atacar a las colonias americanas rebeldes. Mientras tanto, Francia se declaró oficialmente aliada de las Trece Colonias de América. El rey francés deseaba sacar el máximo provecho de la situación de muy diversas maneras. En primer lugar, los franceses querían golpear a su antiguo enemigo apoyando a los continentales. Francia deseaba debilitar y humillar a los británicos ayudando a las Trece Colonias a separarse, pero no quería expulsar a los británicos por completo. A Francia le convenía dejar a Gran Bretaña el control de Canadá para que sirviera de amortiguador de las nuevas Trece Colonias en caso de que estas dejaran de ser útiles para Francia.

En cualquier caso, los estadounidenses acabaron venciendo a los británicos, y en 1783 se firmó otro Tratado de París que puso fin a la guerra y reconoció la independencia de los recién creados Estados Unidos de América. ¿Cómo quedaron las posesiones británicas en la América del Norte canadiense? De hecho, permanecerían en manos británicas.

Curiosamente, una vez terminada la guerra, los británicos hicieron un llamamiento a todos los que quisieran seguir siendo leales a la corona para que fueran a Canadá. Varios lo hicieron, buscando una vida mejor y una pequeña parcela propia para establecerse en el despoblado Canadá. A este grupo de inmigrantes posrevolucionarios se les denomina a veces «lealistas tardíos», ya que solo profesaron lealtad a Gran Bretaña cuando la guerra ya había terminado.

Muchos de estos llegados más tarde acabaron en una sección de lo que entonces era Nueva Escocia, situada por encima de la bahía de Fundy. En 1784, este asentamiento se convirtió en una colonia propia llamada Nuevo Brunswick. Justo al norte de Maine, el límite de esta nueva provincia colonial era el río Saint Croix. Al estar tan cerca de las antiguas Trece Colonias, muchos temían una invasión de los estadounidenses. Por ello, las guarniciones británicas en Fredericton, la capital de Nuevo Brunswick, estaban siempre preparadas.

En 1791 se produjeron más cambios importantes cuando Gran Bretaña dividió Quebec en lo que denominó Alto Canadá y Bajo Canadá. Conocida como la Ley de Canadá, esta ley del Parlamento británico dividió Quebec a través del río Ottawa, siendo el Alto Canadá la parte que se encontraba río arriba y el Bajo Canadá la que estaba río abajo.

A principios del siglo XIX, la situación se había estabilizado en su mayor parte, y las generaciones más jóvenes de canadienses y estadounidenses habían llegado a aceptar, en su mayor parte, el statu quo y eran más propensos a intercambiar bienes entre sí y a realizar intercambios comerciales que a luchar. Mientras tanto, Gran Bretaña tenía sus propios problemas tras la Revolución francesa de 1789 y las guerras napoleónicas que la siguieron.

Gran Bretaña estuvo en guerra con Francia de forma intermitente desde 1803 hasta 1815. En medio de esta lucha, las acciones de los británicos empezaron a molestar a los estadounidenses. Los británicos supuestamente buscaban a los desertores de la marina, y adquirieron la costumbre de parar y registrar aleatoriamente las embarcaciones estadounidenses por si había desertores británicos a bordo. Esta «parada y cacheo» en alta mar era muy insultante para los estadounidenses que tenían que pasar por ella.

El llamado «asunto *Chesapeake-Leopard*» demostró lo volátil y potencialmente explosiva que se había vuelto esta situación. En 1807, un carguero estadounidense llamado *Chesapeake* se llevó la peor parte por parte de los británicos. La embarcación naval británica, el *Leopard*, se encontró con los marineros estadounidenses cerca de las costas de Virginia y exigió que se les permitiera abordar y realizar un registro en su embarcación.

Estos marineros eran quizás un poco más atrevidos que la mayoría. A pesar de que estaban mirando los cañones de los cañones británicos, negaron a los británicos el acceso a su embarcación. Esto hizo que los indignados militares británicos tomaran el barco por la fuerza. Sin ninguna consideración aparente por el daño que pudieran causar, los británicos abrieron fuego contra los civiles, matando a tres en el proceso. Varios más resultaron heridos.

Y lo que es peor, después de registrar la embarcación, los británicos se apoderaron de cuatro hombres a bordo para someterles a un proceso de imposición. Para los que no estén familiarizados con el término, la imposición es cuando se obliga a un civil contra su voluntad a servir a la causa de otro. Las cosas no acabaron bien para al menos uno de estos civiles estadounidenses sometido, ya que los británicos acabaron matándolo.

Los Estados Unidos estaban comprensiblemente indignados por todo esto, pero al mismo tiempo, los líderes estadounidenses no confiaban en poder ganar otra guerra con los británicos. Por ello, el presidente en ejercicio, Thomas Jefferson, intentó la diplomacia para evitar un enfrentamiento catastrófico con Gran Bretaña. Aun así, Jefferson comprendió la ira del público estadounidense. Se dice que, en medio de este calvario, comentó: «Nunca, desde la batalla de Lexington, había visto al país en tal estado de exasperación».

Los estadounidenses de hoy en día estarían sin duda igual de frustrados si se vieran en circunstancias similares. Imagínense que una potencia extranjera se apodera de una embarcación estadounidense en aguas de ese país y luego mata e hiere a varios y toma rehenes. No sería visto con buenos ojos, ¡eso es seguro! Sin embargo, dado que esto tuvo lugar solo unas décadas después de la Revolución estadounidense, nadie estaba preparado para apretar el gatillo en lo que respecta a la agresión británica. Tal vez los británicos ya se habían puesto en evidencia.

Sin embargo, una vez que James Madison llegó a la presidencia, decidió que ya era suficiente. Habló de la difícil posición en la que se encontraba, de cómo esencialmente tenía que elegir «entre la guerra y la degradación». En lugar de dejar que Estados Unidos siguiera siendo intimidado y presionado, eligió la guerra. Esto condujo a una proclamación formal de guerra contra el Imperio británico (incluido Canadá) el 18 de junio de 1812. La guerra de 1812 había comenzado.

Al principio, atacar a Canadá se consideraba como atacar a los británicos. Como Canadá no estaba tan poblado como Estados Unidos, también se consideraba un objetivo fácil. Incluso el ex presidente Thomas Jefferson, que hasta entonces había dudado, lo creía así. En vísperas de la guerra, había comentado: «La adquisición de Canadá este año, hasta la vecindad de Quebec, será una mera cuestión de marcha, y nos dará la experiencia para el ataque a Halifax, la próxima y definitiva expulsión de Inglaterra del continente americano».

Pero ni los canadienses ni los británicos serían tan fáciles de vencer. Como demuestran las palabras de Jefferson, muchos en esta época creían que a Estados Unidos le convenía expulsar a los británicos del continente americano. Las antiguas Trece Colonias estaban destinadas a avanzar hacia el oeste, pero, como pronto aprendería la joven nación de los Estados Unidos de América, avanzar hacia el norte, hacia Canadá, no iba a ser un paseo tranquilo.

La mayor ventaja que tenían los estadounidenses era el hecho de que Gran Bretaña estaba bastante distraída con su guerra contra la Francia napoleónica. El dictador francés Napoleón Bonaparte había demostrado ser una espina en el costado de Gran Bretaña. Bonaparte se había apoderado de gran parte del continente europeo, y Gran Bretaña estaba haciendo todo lo posible para contener la amenaza de la Francia napoleónica. Con las manos atadas en Europa, para los británicos fue una verdadera molestia tener que volver a las Américas para evitar que Estados Unidos se apoderara de Canadá.

Pero el Imperio británico era enorme en aquellos días, y pronto encontraría suficientes tropas de reserva para llevar la guerra a los estadounidenses de todos modos. Al igual que Estados Unidos pudo luchar más tarde tanto contra los japoneses en el Pacífico como contra los alemanes en Europa durante la Segunda Guerra Mundial, el poderoso Imperio británico de 1812 también fue capaz de librar una guerra simultánea en varios frentes.

Gran Bretaña reunió unos seis mil soldados para la defensa de Canadá. Los estadounidenses reunieron un total de doce mil soldados de sus diversas milicias, pero conseguir que todos estuvieran en condiciones de luchar organizadamente fue difícil. Muchos estados que limitaban con Canadá en la costa este, por ejemplo, se oponían a enviar sus milicias a luchar. Deseaban permanecer neutrales, limitando así el número total de tropas que se podían reunir.

Hoy en día, Estados Unidos tiene un ejército permanente operado por el gobierno federal; sin embargo, en aquella época el ejército estadounidense era un mosaico de milicias estatales. Y si algunos estados se negaban a cooperar, no había entonces suficiente control centralizado para hacer demasiado al respecto.

En lo que respecta a Canadá, el hombre a cargo de la defensa canadiense era el general de división Isaac Brock. Debido a la escasez de personal y recursos, sus jefes británicos le ordenaron mantener una postura defensiva. Sin embargo, Brock tenía otros planes; pensó que en lugar de esperar a que la lucha viniera a él, llevaría la lucha a los estadounidenses. Marchó hacia el sur hasta Fort Detroit. Fort Detroit contaba con unos cuantos miles de soldados y debería haber sido capaz de rechazar la fuerza canadiense más pequeña que Brock tenía, que era poco más de un millar.

De hecho, se dice que el grupo de Brock estaba formado por trescientos soldados británicos y cuatrocientos canadienses, junto con seiscientos combatientes nativos americanos aliados de los británicos.

Pero lo que a esta fuerza de ataque canadiense le faltaba en número, lo compensaba en pura astucia.

La división de las fuerzas nativas americanas estaba dirigida por un audaz comandante shawnee llamado Tecumseh. Tecumseh era famoso por su destreza en la lucha y su excelente uso de las tácticas militares. Tan pronto como Tecumseh y sus hombres llegaron a las puertas de Fort Detroit, decidió emplear algo de guerra psicológica. Con todos sus hombres adornados con terroríficas pinturas de guerra, los hizo marchar fuera de los muros del fuerte a la vista de los defensores. Luego los hizo retroceder un par de veces más, creando la ilusión de que el grupo era mucho más grande de lo que realmente era. Mientras tanto, el general Brock utilizó algunos subterfugios propios asegurándose de vestir a su variopinta milicia canadiense con uniformes británicos, haciendo parecer que había una gran fuerza de soldados británicos de élite respaldando a esta temible asamblea de guerreros indígenas.

Después de esta aterradora exhibición ante los defensores de Fort Detroit, Brock envió un mensaje al comandante estadounidense, pidiéndole que se rindiera. Brock no escatimó en esta misiva, asegurándose de mencionar que si llegaban a las manos, no podría contener a sus feroces aliados nativos americanos. O, como dijo Brock en realidad: «Está lejos de mi inclinación unirse a una guerra de exterminio, pero debe saber que el numeroso cuerpo de indios que se ha unido a mis tropas estará fuera de mi control en el momento en que comience la contienda».

El plan de Brock funcionó. Fort Detroit no solo era el hogar de los hombres de armas estadounidenses, sino también de las mujeres y los niños. Y temiendo por su seguridad, el comandante del fuerte —el general William Hull— se dejó llevar por la duda y el miedo. Al día siguiente, ordenó la rendición del fuerte. Sin tener que disparar un solo tiro, Fort Detroit estaba en manos de los canadienses.

Hay que preguntarse si los defensores de Fort Detroit se arrepintieron de su decisión al darse cuenta de lo pequeño que era el grupo al que se habían rendido. Los defensores eran casi el doble de los atacantes y, sin embargo, entregaron las llaves a estos emprendedores canadienses en poco tiempo.

Junto con los dos mil prisioneros de guerra estadounidenses que ahora estaban a su cargo, el contingente canadiense de Brock también adquirió un enorme arsenal de armas y artillería. Pero quizás lo más importante para Brock fue el alijo de dinero en efectivo que adquirió, ya que podía utilizarlo para pagar a su inquieta banda de soldados.

Los Estados Unidos estaban comprensiblemente alarmados por estos acontecimientos. Tratando de resarcirse inmediatamente de la pérdida, enviaron un regimiento a Queenston Heights y comenzaron a abrir fuego con cañones de largo alcance desde la otra orilla del río Niágara. Aunque fue una travesía difícil, las tropas estadounidenses cruzaron el agitado Niágara y sitiaron Queenston Heights. Los canadienses presentaron una valiente batalla, y el propio Brock murió durante el intercambio. Los defensores fueron invadidos temporalmente, pero el resto del ejército canadiense se unió y pudo expulsar a los estadounidenses, retomando Queenston Heights una vez más como algo propio.

Tras este intercambio, 250 estadounidenses murieron y 925 fueron hechos prisioneros de guerra en Canadá. En total, la primera fase de la guerra había ido a favor de los británicos y sus aliados canadienses. Pero en 1813, sin embargo, la situación había empezado a cambiar. Las fuerzas estadounidenses lograron ocupar York (la actual Toronto), e hicieron que las tropas británicas se retiraran de la península del Niágara, y los británicos huyeron hasta Burlington Heights.

Solo después de que los británicos lanzaran un repentino asalto a las posiciones estadounidenses en el cercano Stoney Creek, pudieron expulsar a las fuerzas estadounidenses. A esto le siguió una escaramuza en Beaver Dams, cerca de Montreal, en la que miembros de la Confederación Iroquesa participaron en un ataque sorpresa contra las posiciones estadounidenses. Los estadounidenses fueron derrotados con contundencia y se vieron obligados a huir de la península del Niágara.

Sin embargo, el mayor golpe para los británicos no se produciría en tierra, sino en el mar, cuando el almirante Oliver Perry logró orquestar con éxito la victoria sobre los británicos durante la embestida de Put-in-Bay sobre las aguas del lago Erie. Este fue un golpe devastador para los británicos porque utilizaban el lago para transportar suministros.

Pero quizá la peor derrota se produjo cuando el líder de los aliados nativos americanos de Gran Bretaña —Tecumseh— fue asesinado y sus guerreros derrotados en la batalla de Moraviantown (también conocida como la batalla del Támesis) el 5 de octubre de 1813. Con la muerte de Tecumseh, los nativos americanos aliados de los británicos quedaron esencialmente fuera de la guerra, ya que ningún otro líder indígena se alzó para dirigirlos.

La suerte de los británicos mejoró en 1814 con la derrota de Napoleón (su primera derrota antes de su final definitivo en Waterloo). Con Francia sometida, Gran Bretaña pudo reorientar sus fuerzas a la guerra en América. Las cosas llegaron a un punto crítico el 25 de julio de 1814, cuando las fuerzas británicas volvieron a chocar con el ejército estadounidense en la península del Niágara, en una región llamada Lundy's Lane.

Conocida ahora como la batalla de Lundy's Lane, esta lucha tuvo como telón de fondo las cataratas del Niágara. Dado que los combates eran a menudo cuerpo a cuerpo, decir que «se batieron» se aproxima bastante a lo que ocurrió. En estas condiciones de cuerpo a cuerpo, una de las mayores amenazas a las que se enfrentaban era la del fuego cruzado.

En cualquier caso, los estadounidenses se llevaron la peor parte de esta brutal contienda y se vieron obligados a huir, dejando atrás a casi doscientos soldados muertos mientras corrían. Fue una derrota terrible, y lo peor estaba por llegar. En agosto de 1814, los británicos marcharon sobre Washington D. C., e incendiaron la capital. Tanto la

Casa Blanca como la Biblioteca del Congreso fueron quemadas hasta los cimientos. Afortunadamente, el presidente fue evacuado a Virginia, pero el golpe psicológico fue inmenso.

En septiembre, los británicos también se apoderaron de parte de la zona oriental de Maine, donde crearon su propia base de operaciones en pleno suelo estadounidense. Sin embargo, los estadounidenses fueron capaces de remontar, asestando una derrota decisiva a los británicos en el lago Champlain en la batalla de Plattsburgh.

Los británicos, en ese momento, estaban francamente cansados de luchar. Acababan de terminar una terrible guerra con Francia, y decidieron que no valía la pena seguir luchando contra los estadounidenses. Por lo tanto, se hicieron propuestas de paz y el 24 de diciembre, las dos partes firmaron el Tratado de Gante, poniendo fin oficialmente a la guerra. Hay que señalar que ninguna de las partes ganó la guerra, aunque si hubiera que nombrar a un «perdedor», tendría que ser el pueblo indígena, ya que perdió sus tierras y el comercio que había establecido con los británicos.

Curiosamente, aunque la guerra de 1812 había terminado, el general (y futuro presidente) Andrew Jackson no pareció entender el mensaje, ya que se hizo famoso por su lucha contra los británicos hasta el punto de que se plantó en Nueva Orleans en enero de 1815. No obstante, el Tratado de Gante fue un hito en la historia de Norteamérica. Los británicos reconocieron por primera vez a los Estados Unidos y ellos renunciaron finalmente a la idea de apoderarse de territorio en Canadá.

Capítulo 8 - Del siglo XIX a principios del XX

«Canadá se construyó en torno a una premisa muy simple. Una promesa de que podían trabajar duro y tener éxito, construir un futuro para ustedes y sus hijos, y que ese futuro para sus hijos sería mejor que el que ustedes tenían».

-Justin Trudeau

Inmediatamente después de la guerra de 1812, Canadá experimentó un gran crecimiento de la población, así como un aumento de la prosperidad. Algunos historiadores posteriores atribuirían este fenómeno a una «bonanza de posguerra», pero estudiosos más recientes han puesto en duda la idea de que la guerra tuviera algo que ver con estos avances. Además de la guerra, el mayor acontecimiento de la primera mitad del siglo XIX en Canadá fue el fin del comercio de pieles.

Desde sus inicios, el comercio de pieles había desempeñado un papel importante en el establecimiento de Canadá y su crecimiento. El comercio de pieles era una industria tan importante que su fin habría sido equivalente al fin de la industria del petróleo en la actualidad. Para que nos hagamos una idea de la importancia que tenía el comercio de pieles para la economía canadiense, se dice que en la década de 1770 el comercio de pieles representaba más del 75% de los productos de exportación de Canadá. Sin embargo, en 1810, esa cifra se había reducido drásticamente a solo el 10%.

No hace falta decir que fue una caída bastante grande. En ese momento, muchos comerciantes de pieles no tuvieron más remedio que poner los huevos en más de una cesta. Algunos se dedicaron al negocio de la madera, otros al desarrollo del ferrocarril y otros se convirtieron en constructores de barcos. La industria maderera resultó ser la fuerza motriz que alejaría a Canadá de su dependencia de una economía basada en el comercio de pieles.

Canadá siempre ha tenido abundante madera gracias a sus vastos bosques. De hecho, esto se remonta a los vikingos. Es muy posible que los vikingos abandonaran la Groenlandia desarbolada para llevar la madera de Canadá. Dicho esto, la madera seguía siendo un recurso fácilmente disponible en el siglo XIX, y estaba preparada para ocupar el lugar del comercio de pieles. Y en ese mismo año de 1810, era la industria maderera —no la de las pieles— la que representaba el 75% de todas las exportaciones de Canadá.

El río San Lorenzo también bullía con la actividad de la construcción naval, siendo Gran Bretaña el mayor cliente de los barcos canadienses. Una mayor industrialización en Canadá condujo a un auge de las industrias textiles, los aserraderos, los molinos de harina y una amplia variedad de otros productos manufacturados de base industrial. Sin embargo, gran parte de esta producción se llevó a cabo en los asentamientos de habla inglesa, dejando a los canadienses franceses al margen.

Esto, naturalmente, provocó cierto resentimiento y despertó un renovado interés por su independencia. La región del Bajo Canadá de los francocanadienses había pedido varias reformas en la primavera de 1837, pero les fueron denegadas. Esto provocó un descontento generalizado y las protestas públicas comenzaron a aumentar. En el verano, estas protestas empezaron a volverse violentas, y se produjeron destrozos en la propiedad pública y privada.

A medida que las tensiones aumentaban, los francocanadienses empezaron a formar sus propios grupos de milicianos mientras se preparaban para la inevitable reacción de los británicos y sus colaboradores coloniales leales. El 23 de noviembre de 1837 estalló un enfrentamiento general entre ambos, en lo que se conoció como la batalla de Saint-Denis.

En el lado colonial británico, un tal teniente coronel, Charles Stephen Gore, dirigió un grupo de hombres para erradicar la insurrección y arrestar a los líderes rebeldes en la región del valle del río Richelieu, en el Bajo Canadá. Encontraron a los rebeldes escondidos en una casa de piedra que tenía una buena vista de la calle abierta justo enfrente. Esto permitía al grupo disparar fácilmente a las autoridades cuando se acercaban.

Mientras tanto, Gore y compañía intentaron volar la casa con un cañón, pero no lo consiguieron. La casa se mantuvo en pie y sus antagonistas siguieron disparando contra ellos. En ese momento, el grupo de Gore, mal equipado, se quedó sin balas y se vio obligado a huir. Esto significó que la batalla de Saint-Denis fue una victoria técnica para los rebeldes. Sin embargo, su racha de victorias sería corta, ya que solo un par de días después, el 25 de noviembre de 1837, las autoridades coloniales devolvieron el golpe con venganza.

El siguiente encuentro entre los dos bandos de este conflicto se produjo cerca de Saint-Charles. Esta vez, se añadió más poderío militar británico, y un contingente dirigido por el teniente coronel George Wetherall fue capaz de hacer un corto trabajo contra los rebeldes posicionados alrededor de Saint-Charles. Wetherall desplegó una infantería de más de cuatrocientos soldados, con una caballería miliciana auxiliar que, según se dice, era de unos veinte, junto con dos potentes cañones.

Este grupo bien armado se enfrentó a unos 250 rebeldes. Este grupo fue derrotado de forma contundente, con cincuenta y seis muertos durante el conflicto y varios más tomados como prisioneros de guerra. A esta derrota de los rebeldes le siguió otra aún más decisiva cuando los británicos arrasaron con las posiciones de los rebeldes en Saint-Eustache poco después, poniendo fin a la rebelión del Bajo Canadá en diciembre de 1837.

La voluntad de lucha de los rebeldes se había roto, y los que no se rindieron huyeron como refugiados a Estados Unidos. Sin embargo, este no fue el final de la historia, ya que estos refugiados rebeldes lograron reagruparse y volver a actuar aproximadamente un año después. En noviembre de 1838, cruzaron de nuevo a Canadá y lograron provocar otra revuelta.

Sin embargo, esta fue sofocada aún más rápido que la anterior. Una vez sofocada la revuelta, las autoridades británicas no aplicaron castigos con piedad o indulgencia: ejecutaron sumariamente a veinticinco de los rebeldes y exiliaron a otros cincuenta y ocho a la Australia británica. Es evidente que los capataces británicos de Canadá no querían correr riesgos y trataron de arrancar de raíz el sentimiento de rebelión para que no pudiera crecer y enconarse de nuevo.

Pero se necesitaba una solución política más permanente, y por ello se decidió unir el Bajo y el Alto Canadá con el Acta de Unión, que se promulgó en 1840. Al crear la Provincia Unida de Canadá, se esperaba que la mayoría inglesa leal, que residía principalmente en el Bajo Canadá, pudiera evitar nuevos brotes de rebelión. Al unir el Bajo Canadá, dominado por los ingleses, con el Alto Canadá, también se esperaba que las costumbres y los sentimientos ingleses se contagiaran a los canadienses franceses. En general, los británicos creían que el aislamiento de los francocanadienses era lo que permitía fomentar los pensamientos de rebelión.

Unos años más tarde se produjeron nuevos ajustes en todo Canadá cuando estalló la disputa por la frontera de Oregón en 1846. Los británicos y los estadounidenses discutían por una región de territorio que acabaría convirtiéndose en el noroeste de Estados Unidos. Algunos estadounidenses afirmaban que una porción mucho mayor debía anexionarse al territorio estadounidense a la altura del paralelo cincuenta y cuatro, lo que llevaría a las tierras estadounidenses del Noroeste hasta Alaska (una región todavía administrada por Rusia en ese momento).

Sin embargo, los británicos no estaban dispuestos a ello, y el presidente estadounidense James K. Polk no deseaba provocar a los británicos en un momento en que las tensiones con México por la reciente adquisición de Texas ya eran bastante graves. Por lo tanto, Polk buscó un compromiso y desechó la idea de reclamar hasta el paralelo cincuenta y cuatro. En cambio, trató de negociar con los británicos una reclamación en el paralelo cuarenta y nueve. Al final, los británicos decidieron que una guerra por esta pequeña porción de tierra no merecía la pena, y aceptaron el compromiso estadounidense de establecer la frontera más occidental de Canadá en el paralelo cuarenta y nueve.

Entretanto, la recién unida Provincia de Canadá comenzó a reforzar sus lazos comerciales con Estados Unidos. Y para cuando estalló la guerra civil estadounidense en 1861, Canadá estaba en una buena posición para beneficiarse de ella. El gobierno federal de EE. UU. recurrió repentinamente a Canadá para que le suministrara los bienes que tanto necesitaba en el transcurso del conflicto.

Antes de que estallara la guerra de Secesión, Canadá había experimentado un empuje hacia sus fronteras occidentales. Esto había sido así desde la fiebre del oro de 1848, con colonos que poco a poco iban habitando tierras que antes habían permanecido salvajes y en gran parte desiertas. Justo cuando los canadienses se expandían hacia los confines del oeste de Canadá, Gran Bretaña intentaba crear una unión más firme y federalizada del territorio canadiense. Estos esfuerzos forjarían el Dominio de Canadá. Este se estableció con la Ley Constitucional de 1867 (también conocida como el Acta de la Norteamérica británica). Dentro de esta ley del Parlamento británico, encontramos la declaración de que Canadá será «un solo Dominio», que tendrá «una constitución similar en principio a la del Reino Unido».

Esta ley, aunque no rompía los lazos directos con Gran Bretaña, pretendía crear un cuerpo canadiense unido y dar a los ciudadanos de Canadá aproximadamente los mismos derechos que a los ciudadanos británicos. Esta ley unió todas las tierras canadienses en un solo dominio, y vio cómo los Territorios del Noroeste y la Tierra de Rupert, en gran parte sin colonizar, se fusionaban con las provincias ya establecidas. Gran Bretaña tendría la última palabra en asuntos como la política exterior, pero los canadienses controlarían su propio destino a nivel local.

Esto, por supuesto, también significaba que Canadá tendría su propio primer ministro. El primer ministro de Canadá fue un hombre cuyo nombre ha llegado hasta nosotros como Sir John Alexander Macdonald. Macdonald era conservador y se enfrentó a un adversario liberal, cuyo nombre era George Brown.

Después de que Canadá alcanzara su estatus de dominio, uno de los mayores esfuerzos del gobierno localizado fue mejorar la infraestructura de Canadá. Una parte importante de esto supuso la creación de ferrocarriles que se extendían por Canadá de este a oeste. Canadá recibió otra bendición cuando la isla del Príncipe Eduardo se unió al dominio en 1873.

El mayor problema al que se enfrentó el gobierno canadiense del primer ministro Macdonald fue la Rebelión del río Rojo. Estos disturbios tenían que ver con un gran asentamiento de mestizos, un grupo étnico distinto que se había desarrollado a partir de una larga historia de matrimonios mixtos entre europeos y tribus locales. Los mestizos tenían su propio territorio en la Tierra de Rupert, situada alrededor del valle del río Rojo y en las proximidades del puesto de avanzada de Fort Garry de la Hudson's Bay Company. Cuando los colonos de las provincias del este de Canadá comenzaron a instalarse en esta región, empezaron a surgir problemas. Al no querer ser absorbidos por el dominio canadiense, un líder local de los mestizos, Louis Riel, se hizo notar y creó lo que se denominó un gobierno provisional propio.

El primer ministro Macdonald se vio sorprendido por estos acontecimientos, pero adoptó un enfoque muy pragmático. No trató de llevar el asunto más lejos y consultó con los británicos. Los británicos enviaron tropas y se reunió un gran ejército británico/canadiense. Fueron enviados a unos mil kilómetros de la región del río Rojo. Mientras tanto, Macdonald y Riel parecían hacer buenos progresos en sus negociaciones, y parecía que tal vez se podría llegar a un acuerdo pacífico.

Pero mientras esto ocurría, los colonos canadienses del este comenzaron a causar problemas. Esto llevó a Riel a tomar cartas en el asunto y a hacer que la gente fuera arrestada. Estas acciones le llevaron a autorizar la ejecución de un hombre llamado Thomas Scott. El primer ministro Macdonald se horrorizó que Riel intentara asumir tal poder sobre la región y se convirtiera en juez, jurado y verdugo de un solo hombre. Así que Macdonald lanzó el guante y decidió desmantelar el gobierno provisional de Riel por la fuerza.

A medida que se acercaba el gran ejército, la resistencia de Riel prácticamente se derrumbó. El propio Riel cruzó la frontera para esconderse en Estados Unidos. Aun así, el primer ministro Macdonald fue bastante benévolo con los mestizos que se quedaron, proporcionándoles generosas extensiones de tierra reservadas específicamente para ellos.

Entretanto, toda la región se convertiría en la provincia de Manitoba con la Ley de Manitoba del 15 de julio de 1870. Un año más tarde, la Columbia Británica se unió a Canadá en 1871. La isla del Príncipe Eduardo también se uniría al redil en el este en 1873. Parecía que el propio destino manifiesto de Canadá de extenderse de este a oeste se hacía realidad.

El primer ministro Macdonald parecía tener muchas historias de éxito que contar sobre su joven nación. Pero los canadienses de a pie, en las urnas, estaban preparados para el cambio. Y en 1873, el gobierno de Macdonald fue sustituido por el Partido Liberal de Canadá. Más allá de estar simplemente «en contra de los conservadores», el Partido Liberal no parecía estar demasiado unido, y su programa empezó a estancarse. Para empeorar las cosas, en 1874, Canadá entró en recesión. Esto allanó el camino para el regreso de Macdonald y su gobierno conservador en las siguientes elecciones. Macdonald acabó ejerciendo un segundo mandato no consecutivo en 1878.

Una de las primeras cosas que hizo el gobierno de Macdonald para cambiar el rumbo fue promulgar altos aranceles a las importaciones, medida que comenzó en 1879. Estos esfuerzos consiguieron atraer la atención de los competidores de ultramar, y también crearon más producción industrial en el país. La población agradeció los esfuerzos de Macdonald, y este conservó fácilmente su puesto de primer ministro en 1882, 1887 y 1891.

Macdonald murió en junio de 1891, justo después de salir victorioso en la que sería su última elección. Su partido tendría entonces una sucesión de cuatro primeros ministros diferentes al frente del gobierno de Canadá antes de perder su posición mayoritaria en las elecciones de 1896. Ese año, el ala liberal de la política canadiense llegó de nuevo al poder con el Primer Ministro Wilfrid Laurier a la cabeza.

El propio Laurier marcó un hito al ser el primer francocanadiense en llegar al cargo de primer ministro. Laurier era un hombre elegante, pulcro y arreglado que impresionaba a sus compañeros con su impecable inglés y su impecable francés. Laurier era un hombre que miraba al futuro y a menudo proclamaba con orgullo que «el siglo XX pertenece a Canadá».

Pero el siglo XX traería cosas que ni Laurier ni muchos otros canadienses podrían haber imaginado entonces. Cuando llegó el año 1900, Gran Bretaña seguía siendo una potencia que abarcaba todo el mundo, pero ya empezaban a surgir grietas en este gran imperio. La guerra había estallado en Sudáfrica entre británicos y holandeses, lo que provocó un gran desprecio por parte de la comunidad internacional.

No obstante, se recurrió a los canadienses para que unieran sus fuerzas a las de los británicos en esta lucha, y estos acabaron ganando en 1902. Sin embargo, el imperio quedó sumido en la polémica. Muchos en todo el mundo cuestionaron las tácticas de los británicos en este enfrentamiento, y la propia victoria fue, al menos, algo pírrica en el sentido de que el Imperio británico acumuló un gran número de bajas para conseguirla. El bando británico, de hecho, sufrió casi 100.000 bajas, el doble que sus oponentes a los que supuestamente superaron en la guerra.

Sin embargo, después de la guerra, Canadá entró en un periodo de auge en el que aumentó la inmigración tanto de Estados Unidos como de Europa. También se produjo un impulso en los territorios despoblados y, en 1905, Canadá había ganado un par de provincias más con la creación de Alberta y Saskatchewan. Curiosamente, la mayoría de los colonos que llegaron a estas nuevas provincias no eran ciudadanos nacidos en Canadá, sino en su mayoría inmigrantes de Europa del Este, como polacos, rusos y ucranianos.

Canadá entraría en un periodo relativamente productivo y beneficioso, en el que su población aumentó hasta los siete millones de habitantes. La vida era buena, pero había quienes estaban desencantados con el alto precio de algunos de los productos básicos que Canadá importaba habitualmente. Para aliviar esta preocupación, en 1911, Laurier llegó a un acuerdo con el presidente de EE. UU., William Howard Taft, para realizar una reducción arancelaria mutua.

Laurier y su partido confiaban en que este logro garantizaría la continuidad de su gobierno hasta el siguiente ciclo electoral. Se equivocaron. En lugar de ello, muchos canadienses se sintieron defraudados por lo que consideraban políticas demasiado proestadounidenses. Y en vez de cabalgar en una marea de victoria, Laurier y compañía fueron expulsados en una marea de derrota electoral.

La política puede ser a veces imprevisible, y por mucho que los políticos piensen que pueden manipular a sus electores, de vez en cuando se les lanzan bolas curvas que no habían previsto. El sucesor de Laurier, el primer ministro conservador sir Robert Borden, recibió una bola curva de este tipo cuando la guerra para acabar con todas las guerras —la Primera Guerra Mundial— ocupó la mayor parte de su tiempo en el cargo.

Capítulo 9 - Canadá, dos guerras mundiales y una guerra fría

«Después de dos guerras mundiales, el colapso del fascismo, el nazismo, el comunismo y el colonialismo y el fin de la guerra fría, la humanidad ha entrado en una nueva fase de su historia».

-Hans Kung

La guerra que puso fin a todas las guerras —como se llamaría la Primera Guerra Mundial (o la Gran Guerra)— llevaba mucho tiempo gestándose, pero fue desencadenada por un único incidente. En junio de 1914, un nacionalista serbio asesinó al archiduque de Austria, Francisco Fernando, y a su esposa. Esto llevó a Austria a reclamar daños y perjuicios a Serbia. Finalmente, Austria presentó varias demandas, pero una de ellas era tan draconiana que los serbios sabían que ceder significaría esencialmente renunciar a su propia autonomía. Se negaron a cumplir las exigencias irreales, y Austria se preparó para la guerra.

El aliado de Austria, Alemania, también dejó claro que también lucharía. Incluso el Imperio otomano —el enfermo de Europa— se puso del lado de las Potencias Centrales contra Serbia. Sin embargo, Serbia no estaba sola en esta lucha, ya que podía contar con el poderío de su poderosa aliada Rusia. Después de que Rusia se uniera, también lo hicieron Francia y Gran Bretaña. Y cuando Gran Bretaña se vio arrastrada a la Primera Guerra Mundial, los canadienses se vieron arrastrados por defecto.

Aunque Canadá era básicamente un dominio autónomo, lo único que estaba fuera de su control eran las decisiones importantes de política exterior, y con un chasquido de dedos, los británicos podían hacer que los canadienses fueran a la guerra. Afortunadamente para los británicos, los canadienses estaban bastante entusiasmados con las perspectivas de participar en este conflicto. En total, unos 425.000 canadienses se pondrían el uniforme militar y se unirían a la lucha en Europa.

Algunos de los combates más brutales tendrían lugar en el Frente Occidental en Bélgica y Francia, y una de las primeras operaciones importantes en las que participarían las tropas canadienses tuvo lugar en Ypres, Bélgica, en la primavera de 1915. Uno de los momentos más emocionantes para las tropas canadienses se produjo en abril de 1917, cuando las fuerzas canadienses rompieron una sólida línea de defensa alemana en la cresta de Vimy, abriendo el camino a las Fuerzas Aliadas.

Sin embargo, a pesar de lo bien que iban los despliegues canadienses, en 1917 los esfuerzos de reclutamiento en Canadá propiamente dicho habían disminuido considerablemente. Combatir en la guerra se había convertido en un tema que polarizaba, y eran sobre todo los canadienses franceses los que no querían participar. Hay que decir que los francocanadienses habían sido algo notorios en su deseo de permanecer neutrales.

Tanto en la Revolución estadounidense como en la guerra de 1812, los francocanadienses trataron de distanciarse de tomar partido. Lo mismo puede decirse de la Primera Guerra Mundial. E incluso cuando algunos intentaron utilizar su herencia francesa como razón para unirse al esfuerzo bélico, no cedieron. Aunque Francia estaba siendo invadida por Alemania, no parecía significar demasiado para el canadiense francés medio, ya que hacía siglos que estaban completamente desconectados de su Francia ancestral.

Sin embargo, entre el segmento de canadienses que sí deseaban servir, lo hicieron con distinción. Los canadienses también estuvieron presentes en la culminante batalla de Mons, en noviembre de 1918, que supuso la derrota más decisiva del ejército alemán. Uno de los principales líderes canadienses durante esta lucha fue cierto general llamado sir Arthur Currie.

Curiosamente, antes del estallido de la Primera Guerra Mundial, Currie era en realidad un agente inmobiliario que participaba en la milicia canadiense local en su tiempo libre. Pero mientras que su carrera inmobiliaria fue mediocre en el mejor de los casos, el servicio de Currie como comandante militar fue absolutamente excepcional. Currie dirigió a sus tropas durante una época en la que las fuerzas británicas y alemanas se encontraban en un punto muerto, literalmente atrincheradas en las trincheras y saliendo a dispararse mutuamente. Ninguno de los dos bandos avanzaba realmente.

Dependía de Currie y de su regimiento canadiense romper este estancamiento. Y después de que los canadienses rompieran las líneas alemanas en la cresta Vimy, Currie fue ascendido al cargo de «inspector general» de las Fuerzas Armadas canadienses.

Además de proporcionar tropas directamente, Canadá también contribuyó al esfuerzo de guerra a nivel monetario, y de hecho pagó las municiones británicas en los últimos años del conflicto. La propia Gran Bretaña se vio sometida a una gran presión financiera durante la guerra, y como resultado del papel de Canadá en la ayuda a los británicos con dinero, los canadienses consiguieron pasar de ser un socio menor a ser más un igual en la escena mundial. Cuando las conversaciones de paz se llevaron a cabo en París en 1919, Canadá fue tratado como un igual, e incluso se le hizo miembro de la recién creada Liga de Naciones.

Después de la guerra, Canadá había crecido considerablemente, tanto en su estatura política como en su población, que en ese momento había alcanzado los ocho millones y medio de habitantes. Su infraestructura también había mejorado mucho, con ferrocarriles eficientes que conectaban un lado del país con el otro, así como tranvías disponibles a nivel local en las ciudades. Las carreteras para automóviles también estaban en desarrollo, ya que el interés de los canadienses por los automóviles empezaba a aumentar.

De hecho, Henry Ford (el fundador de la Ford Motor Company) se instaló en Windsor, Ontario, y como Detroit no estaba lejos, los vehículos no eran difíciles de encontrar, al menos para los que tenían suficiente dinero para comprarlos. A pesar de lo bien que iban las cosas en Canadá, a principios de la década de 1920 se produjo otra recesión. Es importante señalar que esta recesión en Canadá se produjo varios años antes de la caída del mercado de valores de 1929, que causaría una gran conmoción en todo el mundo.

Sí, incluso antes de la caída, Canadá era todavía un país en transición, y los canadienses tenían dificultades financieras. Muchos canadienses medios que habían abandonado las granjas rurales para ir a las ciudades industrializadas tenían de repente dificultades incluso para encontrar un trabajo. El sistema de bienestar de Canadá, que se puso en marcha para ayudar a los necesitados, no estaba a la altura de las necesidades existentes, y el gobierno canadiense en ese momento dudaba en ampliar los programas sociales.

Sin embargo, esta súbita recesión terminó rápidamente, y las condiciones económicas de la posguerra mejoraron rápidamente. Los productos canadienses, como el trigo y la pasta de madera, estaban en demanda, y los estadounidenses, en particular, pagaban grandes sumas de dinero por un suministro constante de los mismos. Las manufacturas canadienses, como la mencionada planta de Ford en Windsor, también empezaron a cobrar impulso, contratando a montones de trabajadores de las fábricas locales para satisfacer la demanda de producción constante de bienes.

Las ciudades canadienses también experimentaron un boom de la construcción, durante el cual se construyeron algunos de los primeros rascacielos canadienses. No eran tan enormes como los que habían surgido en ciudades estadounidenses como Nueva York y Chicago, pero los horizontes canadienses de Montreal y Toronto presentaban igualmente edificios imponentes en la década de 1920. La minería en el Escudo Canadiense, que estaba lejos de las ciudades, también era muy rentable. Con los ingresos de este tipo de proyectos, el gobierno canadiense pudo por fin reducir los impuestos a su población y empezar a reservar fondos para pagar las persistentes deudas de la guerra.

El primer ministro durante este periodo de auge era un hombre llamado William Lyon Mackenzie King. King era un carismático impulsor de la política canadiense, y fue capaz de llegar a los anglocanadienses y a los francocanadienses por igual. Para King era importante salvar esta brecha, ya que consideraba que la mejor manera de tener un Canadá fuerte y próspero era sanar las divisiones del pasado, principalmente la división histórica entre los canadienses francófonos y anglófonos.

King era inteligente, pero en última instancia era un pragmático, que jugaba a largo plazo y no al éxito a corto plazo. King mantendría el liderazgo durante el resto de la década de 1920, buscando la estabilidad por encima de todo. La estabilidad canadiense se vería gravemente amenazada, al igual que la de gran parte del mundo, tras el crack bursátil de 1929 y la consiguiente Gran Depresión de principios de los años treinta.

Para Canadá, el primer y más inmediato efecto de la Depresión fue el drástico descenso de uno de los cultivos agrícolas básicos de la nación: el trigo. Canadá había ganado dinero durante mucho tiempo con su trigo, que se cultivaba principalmente en las provincias occidentales de Alberta, Saskatchewan y Manitoba. Sin embargo, al comienzo de la Gran Depresión, había un excedente de trigo y la gente no compraba como antes. Con esta caída de la demanda de trigo, el precio bajó rápidamente hasta que los agricultores no pudieron ganar suficiente dinero para justificar todo el duro trabajo que dedicaban a este cultivo tan implicado.

La siguiente ficha de dominó en caer fue la industria de la pasta de madera. Canadá llevaba mucho tiempo suministrando a las ciudades estadounidenses pasta de madera para la producción de papel. Sin embargo, la compra de papel también entró en declive durante la Depresión, y pronto los precios —y en última instancia los beneficios— de la pulpa se hundieron como una roca. Esta tendencia siguió afectando a todos los sectores industriales de Canadá.

El año 1930 había visto el regreso de los conservadores al poder, con el primer ministro R. B. Bennett al frente. Bennett trató de utilizar los aranceles para salir del estancamiento de Canadá. O, como el propio Bennett dijo en su momento, utilizaría los aranceles «para abrirse paso en los mercados del mundo». Aunque los aranceles podrían haber funcionado en circunstancias normales, la Gran Depresión mundial no hizo que fueran tiempos normales, por lo que sus aranceles tuvieron muy poco efecto.

La gracia salvadora de Canadá llegó en 1932, cuando Gran Bretaña accedió a rebajar los tipos impositivos de todo el comercio realizado entre los miembros del Imperio británico. Estas medidas ayudaron a mantener la economía canadiense a flote durante estos tiempos difíciles.

El año anterior, en 1931, Gran Bretaña también había promulgado el Estatuto de Westminster, que sirvió para consolidar el estatus independiente de Canadá en la Commonwealth. El estatuto, sin embargo, dejaba un delgado hilo de poder coercitivo por parte de Gran Bretaña, ya que permitía al Parlamento británico la capacidad de modificar la constitución canadiense. Sin embargo, esto solo podía hacerse con el consentimiento del propio parlamento canadiense.

Así que, en cierto sentido, la plena autonomía era una línea muy fina en Canadá en ese momento, ya que si, por cualquier motivo, el Parlamento canadiense estaba de acuerdo, Gran Bretaña podía seguir interviniendo. Sin embargo, este escenario parecía muy poco probable. El estatuto también consolidó el estatus de dominio de Terranova, que en ese momento seguía siendo tratada como una colonia separada.

En cualquier caso, independiente o no, seguía existiendo el problema del desempleo generalizado, y el gobierno canadiense tuvo que tomar medidas para intentar poner a trabajar a todas esas manos repentinamente ociosas. Esto se hizo en gran medida mediante proyectos industriales, como la construcción de carreteras, ferrocarriles y otras infraestructuras. Y si todo lo demás fallaba, a algunos se les asignaba la monótona tarea de simplemente cortar el césped en los parques locales de la ciudad.

La situación era muy diferente en las comunidades rurales, donde los agricultores luchaban tanto con las malas condiciones económicas como con la pobreza del suelo debido a las graves sequías que se produjeron en 1936 y de nuevo en 1937. Para empeorar las cosas, la sequía vino acompañada de una terrible plaga de langostas, lo que hizo que la situación se convirtiera en una verdadera tribulación para los que la vivieron.

Uno de los fenómenos más peculiares para la gente del campo durante estos días fue el auge de los buggies Bennett. ¿Qué era exactamente un buggy Bennett? Pues bien, como los precios de la gasolina estaban por las nubes, la gente había recurrido a poner sus coches en punto muerto y a enganchar caballos al vehículo, que de otro modo sería inútil, para tirar de él hasta la ciudad. Se trataba de un recurso ingenioso e irónico de la época. La mayoría de estos coches se compraron durante los prósperos años 20 del primer ministro Mackenzie King, pero en los años 30, con el primer ministro Bennett, estos propietarios de automóviles, antaño orgullosos, tuvieron que tirar de una página del pasado y transformar sus coches en calesas tiradas por caballos.

El propio Bennett tuvo su ajuste de cuentas en las elecciones de 1935, en las que él y su partido fueron expulsados casi por completo. Bennett se sintió humillado y abandonó Canadá, dirigiéndose a Gran

Bretaña para lamerse las heridas. En su lugar, regresó a dirigir la nación el ex primer ministro William Lyon Mackenzie King. El eslogan durante la campaña de King era «Es King o el caos». Y muchos, recordando el éxito de la mano firme de King en los años 20, se lo creyeron y eligieron a King frente a lo que percibían como un caos económico absoluto en el país.

En realidad, Bennett fue en parte víctima de circunstancias fuera de su control. Bennett, por supuesto, no tenía control sobre la caída del mercado de valores y la consiguiente Gran Depresión, pero sus políticas no fueron ciertamente tan útiles como podrían haber sido. Y fue este fracaso percibido para responder a las necesidades urgentes de los canadienses lo que dio al Partido Liberal toda la apertura que necesitaba para volver a subir a la cima de la política canadiense.

Sin embargo, una vez que King asumió el cargo, se dio cuenta del tipo de problema que había heredado. Se había presentado con una plataforma para arreglar los problemas del gobierno canadiense, pero una vez en el poder, le costó encontrar el enfoque adecuado. Y mientras se esforzaba por saber qué hacer, los asuntos internacionales resultaron ser una distracción bastante conveniente de los problemas internos.

Durante la década de 1930, los dictadores habían alcanzado la fama en muchas partes del mundo. Alemania estaba dirigida por Adolf Hitler y su Partido Nazi. Japón estaba dirigido por una facción promilitar liderada por el primer ministro japonés Hideki Tojo. E Italia estaba en manos de los fascistas italianos, con el dictador Benito Mussolini a la cabeza. La comunidad mundial estaba muy preocupada (y con razón) por estos acontecimientos, pero Mackenzie King, al igual que su homólogo británico de la época —el infame apaciguador Neville Chamberlain—, adoptó una actitud de no intervención.

Ya en 1935, cuando la Liga de Naciones sancionó a Italia para condenar su invasión de Etiopía, Canadá se negó a cooperar. Y en 1937, durante su visita a Londres, King expresó la falta de interés de Canadá en los enredos extranjeros. De hecho, fue a visitar al propio

Hitler en Alemania. De forma bastante condenatoria, el primer ministro canadiense Mackenzie King llegó a escribir sobre el líder nazi en términos elogiosos, haciéndolo pasar por un humilde servidor del pueblo o, como dijo, «un simple campesino alemán». En un momento dado, King llegó a referirse a Hitler como una especie de versión alemana de Juana de Arco.

Por supuesto, estas reflexiones de Mackenzie King no quedarían bien, ya que este hombre al que percibía como un campeón de la gente común no solo llevaría al mundo a la guerra, sino que también sería el principal arquitecto y director de las peores atrocidades jamás cometidas en la historia del mundo. Sin embargo, al mismo tiempo, se las arregló para decirle a Hitler que si la guerra estallaba realmente, Canadá apoyaría con toda seguridad a los británicos.

En realidad, King estaba totalmente a favor de las políticas de apaciguamiento del primer ministro británico Neville Chamberlain. Como muchos otros, King deseaba desesperadamente evitar la guerra, y estaba dispuesto a apaciguar las tácticas de intimidación de los dictadores fascistas para conseguirlo. Por ello, King aprobó plenamente que Neville hiciera todo lo posible por complacer a Hitler y a todas sus exigencias, siempre que ello significara evitar el derramamiento de sangre. Además de visitar a los jefes de Estado europeos, King también entabló una estrecha relación con el presidente estadounidense Franklin Delano Roosevelt.

El presidente Roosevelt —a menudo llamado simplemente FDR— llegó al cargo en plena Gran Depresión, al igual que Mackenzie King, y rápidamente se presentó como el campeón de la clase trabajadora. Para ello, utilizó el poder del gobierno federal para crear grandes proyectos para que la gente volviera a trabajar y para crear redes de seguridad para los que habían caído en tiempos difíciles.

FDR y King se entendieron bastante bien, y el previsor Roosevelt, que ya estaba preocupado por una futura guerra mundial, consideró conscientemente que era primordial estrechar los lazos con Canadá en aras de la defensa mutua del continente norteamericano. Y en

1938, justo en vísperas de la Segunda Guerra Mundial, Estados Unidos y Canadá forjaron un pacto de defensa mutua en caso de enfrentarse a un agresor externo. Al año siguiente, en el otoño de 1939, Alemania lanzó un ataque despiadado, no contra Estados Unidos o Canadá, sino contra la vecina Polonia.

Aunque Polonia está lejos de las costas de Norteamérica, este ataque dio el pistoletazo de salida a lo que rápidamente se llamaría la Segunda Guerra Mundial. Gran Bretaña, que tanto había intentado apaciguar a Hitler, se vio ahora obligada a declarar la guerra a Alemania. Francia, aliada de Gran Bretaña, también lo hizo. Canadá se unió al grupo, declarando oficialmente la guerra a Alemania el 10 de septiembre.

Aun así, Estados Unidos no se sintió obligado a hacerlo. Sí, Estados Unidos se comprometió a defender a Canadá si era atacado, pero no estaba dispuesto a declarar la guerra a una potencia extranjera simplemente porque Gran Bretaña lo había hecho. Habría que esperar un par de años más y un ataque japonés en suelo americano para que Estados Unidos declarara finalmente la guerra a las potencias del Eje, Alemania, Italia y Japón.

Mackenzie King, mientras tanto, ganó el derecho a dirigir el gobierno una vez más en las elecciones de 1940, lo que le permitió ser el líder de Canadá en tiempos de guerra. Al igual que ocurriría en Estados Unidos, una vez que Canadá entró en guerra, sus circunstancias económicas cambiaron. Se contrató a montones de canadienses para trabajar en plantas industriales y fábricas con el fin de abastecer el esfuerzo bélico. Canadá produciría de todo, desde balas hasta aviones, para la maquinaria bélica aliada. Para salvaguardar aún más la economía de guerra, el primer ministro King también se aseguró de establecer controles salariales y de precios para evitar cualquier posibilidad de inflación. Los canadienses también tuvieron que comprometerse a un poco de sacrificio en el frente interno, ya que bienes importantes para la guerra, como el caucho, el carbón e incluso el café, se reducían a niveles de racionamiento para el ciudadano canadiense medio.

Sin embargo, debido al auge de la industria, los canadienses se encontraban de repente en una posición mucho mejor desde el punto de vista económico, con la mayoría de ellos con pleno empleo y ganando más dinero que nunca. Y cuando los Estados Unidos de América se unió finalmente al conflicto a finales de 1941, Canadá se encontraba en una posición privilegiada para acelerar también el motor bélico estadounidense. Resulta que Estados Unidos estaba un poco atrasado en materia de armamento, por lo que se acordó reunir los programas de armamento de Estados Unidos y Canadá para que Estados Unidos se pusiera al día.

Y en lo que respecta a la guerra en el extranjero, Canadá fue un actor valioso, enviando más de un millón de soldados a luchar en los teatros europeo y del Pacífico. De este número, se dice que aproximadamente 131.000 sirvieron en la Real Fuerza Aérea Canadiense, luchando junto a los británicos y otros aliados en audaces incursiones aéreas sobre la Europa ocupada por los nazis.

Sin embargo, por muy intensos que fueran los combates en Europa, algunos de los enfrentamientos más brutales que vivieron las fuerzas canadienses fueron en el teatro del Pacífico. De hecho, al mismo tiempo que Estados Unidos era atacado por Japón en Pearl Harbor (Hawái), los canadienses trataban desesperadamente de evitar una invasión de Hong Kong. Aunque la ciudad de Hong Kong está situada en la China continental, en aquella época era una colonia británica.

Japón había estado en guerra con China desde principios de los años 30 (desde el incidente de Mukden o incidente de Manchuria de 1931, de hecho), y tras declarar la guerra a Gran Bretaña, todas las apuestas estaban hechas. La fuerza canadiense en Hong Kong era pequeña y fue rápidamente superada por la fuerza de invasión japonesa. Los canadienses estacionados en Hong Kong acabaron rindiéndose a los japoneses el 25 de diciembre de 1941, nada menos que el día de Navidad.

No hace falta decir que no sería una buena Navidad para estos prisioneros de guerra canadienses, y que durante los siguientes cuatro años estarían a merced (o no) de los japoneses. Pero fue el ataque japonés a Pearl Harbor el que cambiaría definitivamente las reglas del juego, ya que hizo que Estados Unidos, hasta entonces indeciso, entrara en la guerra del lado de los aliados. Tanto Gran Bretaña como Canadá se alegraron enormemente de poder contar con la fuerza industrial de Estados Unidos para apoyarles en la guerra.

Los estadounidenses lideraron la guerra en gran medida a partir de ese momento, con los canadienses y los británicos desempeñando un papel de apoyo. Una enorme fuerza de invasión estadounidense desembarcó en el norte de África, saltó a Sicilia y luego invadió Italia. Esta rápida invasión hizo que los italianos se rindieran, eliminando a la primera de las tres potencias del Eje. Los canadienses también sirvieron junto a los estadounidenses cuando se enfrentaron directamente a los alemanes en el Día D, desembarcando en las costas de Normandía, Francia, en junio de 1944. Estos valientes canadienses se enfrentaron a nidos de ametralladoras para crear una cabeza de playa en la Europa continental.

Alemania sería finalmente derrotada en mayo de 1945. El último reducto del Eje sería Japón, que no se rendiría hasta finales del verano de 1945. Y solo lo hizo después de que le lanzaran dos bombas nucleares y tras una declaración de guerra muy tardía por parte de la Unión Soviética. Sí, los soviéticos, que llevaban librando una guerra desesperada contra los alemanes desde 1941, no declararon realmente la guerra a los japoneses hasta el 9 de agosto de 1945. Japón se rindió oficialmente el 2 de septiembre.

Curiosamente, las armas nucleares desplegadas sobre Japón se beneficiaron del uranio desarrollado en Canadá. El lanzamiento de las bombas atómicas sobre las ciudades japonesas de Nagasaki e Hiroshima sigue siendo controvertido hasta el presente, pero la mayoría de los historiadores creen que su uso acortó lo que de otro modo habría sido un prolongado atolladero de guerrillas y feroces batallas si los aliados hubieran intentado una invasión terrestre convencional de Japón.

Sea como fuere, su uso conmocionó al mundo, y pronto, con el desarrollo de las armas nucleares de grado de hidrógeno, mucho más potentes, el miedo se apoderaría tanto de Estados Unidos como de Canadá, ya que las bombas de hidrógeno podrían caer repentinamente sobre Norteamérica. Canadá, que había colaborado estrechamente con su socio estadounidense en el desarrollo de las armas nucleares, asistiría en primera fila a la posterior Guerra Fría.

Aunque la Unión Soviética fue ostensiblemente un aliado de Estados Unidos, Canadá, Gran Bretaña y las demás potencias aliadas durante la guerra, poco después de que sus enemigos comunes fueran derrotados, las relaciones entre el bloque soviético y las potencias occidentales comenzaron a congelarse. Hubo desacuerdos casi inmediatos sobre el papel que debían desempeñar los soviéticos en la Europa de la posguerra, y después de varias apropiaciones de tierras por parte de los rusos, el primer ministro británico Winston Churchill declaró célebremente que había descendido un «telón de acero» sobre Europa.

Fueron palabras proféticas de una potencia mundial que pronto vio un gran declive. Sí, los combates de la Segunda Guerra Mundial se cobraron un terrible tributo a Gran Bretaña, que pronto se vería privada de gran parte de su imperio. Mientras tanto, los Estados Unidos, así como Canadá, asumieron un papel de liderazgo. Canadá era uno de los principales miembros de las recién creadas Naciones Unidas, y desempeñó un papel importante en los debates de la Guerra Fría sobre los peligros de las armas nucleares. En 1949, la Unión Soviética hizo estallar su propia bomba atómica, lo que elevó significativamente las apuestas.

El mundo estaba ahora dominado por dos superpotencias – Estados Unidos y la URSS (Unión de Repúblicas Socialistas

Soviéticas)— que disponían de armas nucleares. Al iniciarse la carrera armamentística entre estas dos naciones, la posibilidad de acabar con toda la vida humana en la Tierra se convirtió en una posibilidad. Este es exactamente el tipo de cosas que las Naciones Unidas debían (y aún deben) evitar. Una comisión, de la que formaba parte Canadá, había estudiado un medio de desarme pacífico, pero ni EE. UU. ni la URSS pudieron ponerse de acuerdo sobre una forma viable de hacerlo.

Mientras la Guerra Fría se apoderaba del mundo, los jefes de Estado de Canadá se dieron cuenta de que tendrían que trabajar fuera de las Naciones Unidas para encontrar soluciones significativas. Así, Canadá se unió a la Organización del Tratado del Atlántico Norte (también conocida como OTAN). Al agruparse en una alianza estratégica con Estados Unidos y Gran Bretaña, Canadá esperaba reforzar sus capacidades militares, así como disuadir cualquier posible beligerancia de los soviéticos en el Atlántico Norte.

La OTAN hizo que Canadá pusiera su dinero donde estaba su boca, ya que el tratado prometía que tanto Canadá como Estados Unidos ayudarían inmediatamente a cualquier aliado de la OTAN si entraba en conflicto con los rusos. Esto exigió un enorme refuerzo militar por parte de Canadá, y en 1953 los canadienses gastaban el 45% de su presupuesto en su ejército. La inversión más importante, sin embargo, sería en los complejos sistemas de alerta temprana —instalaciones de radar— que servirían para advertir no solo a Canadá, sino a toda Norteamérica de un inminente ataque nuclear.

Canadá dispondría de tres instalaciones principales: la línea de Alerta Temprana distante, situada en el Ártico, la Línea del Medio Canadá y la Línea Pinetree, situada en el paralelo cuarenta y nueve de Canadá. Estas instalaciones funcionaban como centinelas silenciosos durante la Guerra Fría para avisar a Canadá y, sobre todo, desde el punto de vista militar, a los Estados Unidos, poseedores de bombas nucleares, de que era necesario actuar de inmediato.

Sin embargo, en realidad, si los soviéticos lanzaban misiles nucleares contra Norteamérica, no había mucho que Canadá o Estados Unidos pudieran hacer para evitar que alcanzaran sus objetivos. Lo máximo que se podía hacer en el breve tiempo que proporcionaban los sistemas de alerta temprana era simplemente devolverles los misiles nucleares. Dado que ambas partes del mundo quedarían catastróficamente destruidas en el proceso, tal cosa parecía inútil, tal vez incluso un poco *loca*.

Pero la «destrucción mutua asegurada» (MAD por sus siglas en inglés), como la llamaban, era en realidad el nombre del juego. La teoría era que si los soviéticos sabían de antemano que su ataque recibiría un contraataque igualmente devastador, se verían disuadidos de lanzar un ataque en primer lugar. Sí, parece una locura, pero durante la Guerra Fría fue lo suficientemente loca como para funcionar. Lo demuestra el hecho de que la guerra nuclear no se produjo, y todavía estamos aquí.

Capítulo 10 - Canadá en los albores de un nuevo milenio

«La frontera norte es un conjunto de problemas diferentes a los de nuestra frontera sur. No vamos a poner una valla entre Estados Unidos y Canadá, a través del Parque de los Glaciares. Yo crecí allí. Podemos utilizar algunos controles tecnológicos. Trabajamos más con los canadienses, y hay muchas propiedades que compartimos, junto con las tierras tribales».

-Ryan Zinke

A finales de la década de 1960, Canadá se había convertido realmente en un país independiente. No solo era independiente de Gran Bretaña y contaba con una economía y un ejército fuertes, sino que también había forjado su propia cultura nacional. Esto se demostró, al menos simbólicamente, en 1965, cuando Canadá estableció su propia bandera nacional, marcada con la ya icónica hoja de arce roja.

Casi todos los nacidos después de 1965 pueden reconocer fácilmente la bandera de la hoja de arce canadiense. Sin embargo, antes de esta fecha, Canadá había tenido una variedad de banderas, que, de una manera u otra, rendían homenaje a la Union Jack de

Gran Bretaña. Pero la hoja de arce, por muy singular y extravagante que fuera, era algo que Canadá podía por fin considerar propio.

Otro hito canadiense que se produjo en 1965 fue la implantación nacional de Canadá como país bilingüe. Los francófonos ya no tendrían que sentirse ciudadanos de segunda clase. Sin embargo, fue en el Quebec francófono donde empezó a arraigar un movimiento hacia la independencia de Quebec. En 1967, con la celebración del centenario de la independencia de Canadá en 1867 a través de la Ley de la Norteamérica británica como telón de fondo, se plantearon algunas preguntas serias sobre si Quebec debía permanecer con el resto de Canadá.

Para conmemorar el centenario, llegaron a suelo canadiense numerosos jefes de Estado del extranjero, como el entonces presidente estadounidense Lyndon B. Johnson, la reina Isabel II de Gran Bretaña y el presidente Charles de Gaulle de Francia. El más esperado entre ellos era, sin duda, Charles de Gaulle, especialmente a la luz de la cuestión de Quebec.

De Gaulle visitó Quebec, y en lugar de limitarse a celebrar el centenario, buscó la controversia al parecer apoyar la independencia de Quebec de Canadá. De Gaulle pronunció un discurso en francés ante una multitud de canadienses franceses, en el que se le oyó declarar: «¡Vive le Québec libre!». No eran solo palabras para desear lo mejor al pueblo de Quebec; era una frase específica que utilizaban los residentes de Quebec que deseaban separarse de Canadá. Esto se consideró especialmente preocupante porque Francia era miembro de la OTAN y aparentemente un socio de Canadá. Sin embargo, las acciones de De Gaulle eran poco más que una fanfarronada, ya que Francia era una potencia que se estaba debilitando y tenía muy poco peso en la escena mundial en ese momento.

Sin embargo, para los sindicalistas canadienses fue una píldora difícil de tragar. No podían creer que De Gaulle tuviera, bueno, el descaro de hacer algo así. Las autoridades canadienses condenaron a De Gaulle, y el impetuoso primer ministro francés se marchó poco después. Sin embargo, algunos se preguntaban si el daño ya estaba hecho.

A finales de la década de 1960, los movimientos separatistas radicales comenzaron a crecer. Y en 1970, se creó un grupo nacionalista quebequense especialmente desagradable, que se autodenominó Front de libération du Québec, o FLQ para abreviar. Aunque no está claro qué vínculos socialistas o comunistas pudo tener el FLQ, cabe señalar que a lo largo de los últimos años de la década de 1960 y los primeros de la de 1970, aparecieron en todo el mundo varios grupos respaldados o inspirados por los comunistas con nombres similares. Por ejemplo, en la región norteña etíope de Tigray se formó por esa época el TPLF, que significa Frente de Liberación del Pueblo de Tigray. Asimismo, en Oriente Medio, los radicales palestinos formaron la OLP u Organización para la Liberación de Palestina. En Sudán también había un grupo llamado SPLM, que significaba Movimiento de Liberación del Pueblo de Sudán. Estos son solo algunos ejemplos de los innumerables grupos de esta época que tienen las palabras «pueblo», «liberación» y «frente» en sus torpes y poco manejables siglas, y muchos tenían vínculos con el bloque comunista, de una forma u otra.

En cualquier caso, los radicales francocanadienses conocidos como el FLQ eran una mala noticia para el gobierno federal de Canadá, y en el otoño de 1970, iniciaron lo que se conoce como la crisis de octubre al infligir varios ataques terroristas contra el gobierno canadiense durante ese mes.

Durante sus ataques, el grupo secuestró al comisario de comercio británico en Montreal. Acabaron reteniendo a este hombre como rehén y prometieron no liberarlo hasta que algunos de sus propios colegas separatistas que habían sido arrestados previamente fueran liberados. El gobierno canadiense, por supuesto, no iba a hacer tal cosa. Lo último que necesitaba era liberar a más separatistas radicales.

El grupo también exigió extrañamente que el gobierno canadiense leyera su manifiesto a la nación a través de los medios de comunicación, como si tal cosa fuera a ayudar a su lucha. Además, también se pedía una gran cantidad de dinero en efectivo y una escolta a un «país amigo». Como era de esperar, el gobierno federal de Canadá se negó a hacer ninguna de estas cosas.

Una vez que los radicales del FLQ supieron que los funcionarios canadienses no negociarían con los terroristas, los separatistas intentaron hacer aún más daño tomando como rehén al ministro de trabajo de Quebec, Pierre Laporte. Esta vez, fue el gobierno provincial de Canadá el que se angustió lo suficiente como para invitar a utilizar tácticas más draconianas al gobierno federal. El gobierno local de Quebec pidió al primer ministro Joseph Philippe Trudeau que interviniera enviando tropas.

Un alarmado Trudeau, temiendo que el gobierno provincial de Quebec pudiera desintegrarse en el caos, accedió a esta petición. Tanto el ejército como la policía trabajaron juntos para capturar a los terroristas, pero por desgracia para el ministro de trabajo secuestrado, su destino ya estaba sellado: fue asesinado por sus captores. Al comisario de comercio británico le fue mucho mejor, ya que consiguió liberarse de sus captores en diciembre de 1970, justo a tiempo para la Navidad.

Aunque la amenaza de la crisis de octubre fue llevada a cabo por un grupo relativamente pequeño de personas, sus tácticas fueron tan devastadoras que este incidente se clasifica como una de las mayores amenazas a la soberanía canadiense de todos los tiempos. Los funcionarios canadienses aprendieron después a jugar duro con los terroristas, y los futuros agitadores parecían haber entendido el mensaje. Durante el resto de la década de 1970, los asuntos internos de Canadá se mantuvieron relativamente tranquilos y estables.

Esta estabilidad llegó justo a tiempo, ya que estaba previsto que Montreal acogiera los Juegos Olímpicos de 1976. El espectáculo se desarrolló sin demasiados problemas, excepto por el diseño defectuoso del estadio de Montreal, que contaba con un techo retráctil que no parecía funcionar demasiado bien.

Pero ese mismo año, un movimiento separatista volvía a tomar fuerza; al menos esta vez lo hacía de forma discreta. Este movimiento no era un grupo terrorista radical y violento de canadienses franceses, sino un partido político provincial que buscaba la reforma y posiblemente la futura separación, no a través de las balas, sino de las papeletas. El grupo, que se autodenominó Parti Québécois, obtuvo el poder en Quebec en noviembre de 1976. Una de las primeras cosas que hizo el Partido Quebequés fue instituir el francés obligatorio en las instituciones públicas de Quebec. Los carteles de las calles estaban en francés, los servicios de emergencia exigían el francés, etc.

El resultado más inmediato de esta legislación fue un éxodo de canadienses anglófonos fuera de Quebec. En lugar de tomarse el tiempo de aprender algo de francés, estos canadienses anglófonos decidieron trasladarse a otra provincia donde el inglés seguía reinando. Esto no era bueno para Quebec a largo plazo, ya que estaba escasamente habitado y seguía luchando por mantener una población decente.

Pero el mayor avance del Parti Québécois fue la creación de un referéndum en el que los residentes de Quebec pudieran votar realmente si querían o no salir de Canadá propiamente dicho. Este referéndum se celebró finalmente en 1980. El referéndum fracasó, ya que solo el 40% votó a favor de la salida de Canadá y el 60% restante votó a favor de la permanencia. Sin embargo, el mero hecho de que Quebec votara sobre la secesión provocó una gran conmoción en el resto de Canadá.

Además de este referéndum, el siguiente momento más importante para Canadá en la década de 1980 fue la introducción de la Ley de Canadá en el año 1982. Esta ley supuso el último paso en la larga marcha de Canadá hacia la plena independencia. Esta ley puso fin formalmente a la capacidad del gobierno británico de modificar la constitución canadiense a «petición y consentimiento» del Parlamento canadiense. Ahora, pase lo que pase, los únicos que podían cambiar la constitución canadiense eran los canadienses.

La única conexión con Gran Bretaña que quedaba intacta era el hecho de que la reina Isabel II seguía siendo reconocida como monarca. Pero, al igual que en Gran Bretaña, este papel es principalmente ceremonial, y el verdadero poder de gobierno reside en el Parlamento. Al final, la propia reina fue a Canadá para firmar el acta, que se hizo oficial el 17 de abril de 1982.

En 1985, un nuevo primer ministro canadiense —conservador— llamado Brian Mulroney estaba cortejando activamente nuevos y poderosos acuerdos comerciales con el presidente estadounidense Ronald Reagan. A Reagan también le gustaba la idea, y trató de establecer un mejor acuerdo comercial entre Estados Unidos y tanto Canadá como México. El primer paso de esta nueva asociación con Canadá se dio en octubre de 1987, cuando se eliminaron los aranceles entre Estados Unidos y Canadá por un periodo de diez años. También se estableció un panel bilateral en el que los dos socios podían supervisar todo el proceso para asegurarse de que se llevaba a cabo de forma adecuada.

Como muchos lectores pueden adivinar, fueron estas medidas las que iniciaron el impulso hacia lo que sería el TLCAN (Tratado de Libre Comercio de América del Norte). Puede sorprender a muchos, pero el primer ministro Mulroney recibió inicialmente un fuerte rechazo a la idea de una unión comercial económica con Estados Unidos, y algunos sugirieron que esto era solo el comienzo de una unión política más permanente. El concepto podría parecer casi absurdo, pero para los canadienses, que temían desde hace tiempo ser anexionados por Estados Unidos, sus sospechas eran reales. No obstante, Brian Mulroney y Ronald Reagan formalizaron el acuerdo el 1 de enero de 1989.

El primer ministro Mulroney empezó a perder adeptos y abandonó la política en 1993, allanando el camino para que Kim Campbell —la primera mujer primer ministro de Canadá— tomara el timón en su lugar. El partido de Mulroney y Campbell perdería el poder en las elecciones que se celebraron ese mismo otoño, y el nuevo gobierno estaría dirigido por el liberal Jean Chrétien.

El ascenso de Jean Chrétien coincidió con el del presidente Bill Clinton en Estados Unidos. Clinton resultó ser un gran partidario del libre comercio entre Estados Unidos y Canadá, y se aseguró de que el TLCAN fuera la ley del país, firmándolo el 8 de diciembre de 1993.

Después de poner en marcha el TLCAN, la siguiente gran convulsión política en Canadá fue un segundo referéndum sobre Quebec. En consecuencia, muchos en Quebec estaban descontentos con el TLCAN, pensando que los controles económicos del acuerdo tendrían un efecto adverso en los negocios locales de Quebec. Este referéndum se celebró en 1995, y consiguió producir un veredicto sorprendentemente mucho más ajustado. La campaña de este referéndum, promocionado como «¿Oui ou Non?», planteaba una sencilla pregunta a los residentes de Quebec: ¿desea permanecer en Canadá? ¿Sí o no? El 50,6% optó por seguir formando parte de Canadá, mientras que el 49,4% de los votantes de Quebec votó a favor de la salida.

El partido del primer ministro Jean Chrétien se las arregló para salir victorioso en las elecciones de 2000, asegurando que su programa llegaría al próximo milenio. Jean Chrétien era primer ministro cuando Estados Unidos sufrió los terribles ataques terroristas del 11 de septiembre de 2001. Estos atentados fueron lanzados por el grupo terrorista Al-Qaeda, al que los talibanes de Afganistán protegían y daban refugio.

Este ataque desencadenó una invasión de Afganistán liderada por Estados Unidos, y la posterior ocupación duraría veinte años antes de que Estados Unidos se retirara en agosto de 2021. Las tropas canadienses fueron enviadas junto a las estadounidenses para participar en este conflicto. Sin embargo, los canadienses no participarían cuando Estados Unidos decidió entrar en guerra con Irak bajo el falso pretexto de que Saddam Hussein tenía armas de destrucción masiva (ADM).

El caso de las ADM en Irak fue famoso por el secretario de estado de George W. Bush, Colin Powell, quien afirmó que era solo cuestión de tiempo que Irak tuviera la capacidad de atacar a Estados Unidos con sus ADM. En su momento, algunos pensaron que estas afirmaciones eran ridículas, y finalmente se demostró que lo eran. Canadá, por su parte, no se lo creyó y se negó a participar en la invasión que los estadounidenses llamaron Operación Libertad Iraquí.

Sin embargo, los canadienses sí participaron en los esfuerzos de la OTAN para intervenir en la guerra civil de Libia. Esto es algo que muchos canadienses consideran ahora un error, quizá de proporciones similares a la equivocada invasión de Irak. Después de todo, fueron las interrupciones en los gobiernos de Libia, Egipto, Irak y Siria las que ayudaron a allanar el camino para el surgimiento del ISIS (Estado Islámico de Irak y Siria).

El ISIS, un grupo que ha sido condenado nada menos que por Al-Qaeda por ser «demasiado extremista», desató abusos sobre la población civil que no se habían visto desde la Edad Media. Los miembros del ISIS demostraron lo intolerantes que eran arrasando gran parte de Oriente Medio y matando y esclavizando a cualquiera que no fuera exactamente como ellos. Incluso los musulmanes eran masacrados si los miembros del ISIS creían que no eran «su clase de musulmán».

Canadá, como gran parte del resto del mundo, vio la pura maldad del ISIS por lo que era. Canadá suministró rápidamente sus tropas para ayudar a combatir esta amenaza.

Mientras tanto, Canadá entró en una nueva era en 2015 con el ascenso de Justin Trudeau como nuevo primer ministro y la cara del Partido Liberal de Canadá. Trudeau es también el hijo del ex primer ministro Pierre Trudeau, estableciendo lo que muchos consideran una dinastía política canadiense. Justin Trudeau llegó al cargo con la promesa de reducir la carga fiscal de las familias canadienses de clase media y, al mismo tiempo, aumentar las responsabilidades fiscales de los contribuyentes más ricos de Canadá. Con los ingresos fiscales adicionales de los contribuyentes más ricos de Canadá, Trudeau pudo aumentar los programas sociales para el ciudadano medio canadiense.

Otra de las principales promesas del gobierno del primer ministro Justin Trudeau fue mejorar la situación de los residentes de las Primeras Naciones de Canadá. Otro aspecto destacado de su primer mandato fue la introducción de las controvertidas disposiciones sobre muerte médicamente asistida de 2016. Esta parte de la legislación permitía esencialmente el suicidio asistido para aquellos que sufrían enfermedades incurables y terminales.

En 2018, el primer ministro Trudeau también causó sensación cuando hizo que el consumo de marihuana fuera completamente legal en todo Canadá con la aprobación de la Ley del Cannabis. Esto convirtió a Canadá en la segunda nación —después de Uruguay— y el primer país del G7 en legalizar oficialmente el uso de la marihuana.

En 2020, Justin Trudeau participó en la elaboración de un acuerdo comercial revisado y actualizado al estilo del TLCAN, llamado Acuerdo Estados Unidos-México-Canadá, o USMCA para abreviar. Fue en la época de este hito cuando Canadá —como gran parte del resto del mundo— se vio sacudida por una pandemia mundial.

El partido de Justin Trudeau consiguió mantener la mayoría en las elecciones canadienses de 2021, pero se le hizo muy cuesta arriba. Las elecciones tuvieron lugar en medio de la chapucera retirada de Estados Unidos de Afganistán. El gobierno centralizado de Afganistán, que había sido apuntalado durante mucho tiempo por Estados Unidos y sus aliados británicos y canadienses, se derrumbó de forma sorprendente, ya que los talibanes no tardaron en tomar el control. El primer ministro Justin Trudeau, al igual que el presidente de EE. UU. Joe Biden, fue criticado por el modo en que se produjeron estos hechos bajo su supervisión. Los críticos y los partidarios de Justin Trudeau, por supuesto, difieren enormemente en cuanto a la culpa que debe asumir Trudeau. Sin embargo, Justin Trudeau y su partido se impusieron. El primer ministro Justin

Trudeau —al momento de escribir este artículo— sigue dirigiendo Canadá hasta el día de hoy.

Conclusión - ¡Oh, Canadá! ¡Oh, Canadá!

Canadá tiene una historia increíble, pero es una historia que a menudo pasa desapercibida. Por supuesto, Canadá ha vivido durante mucho tiempo a la sombra de otras grandes potencias. En primer lugar, Canadá fue eclipsada por sus primeros colonizadores franceses. Una vez que los británicos sometieron la tierra de Canadá, sería el poderío del Imperio británico el que oscurecería nuestra visión de la verdadera historia canadiense.

Una vez que Gran Bretaña disminuyó su influencia durante la Guerra Fría, Estados Unidos, como fuerza militar y política dominante en América del Norte, ocupó el primer puesto, y Canadá siguió permaneciendo en un segundo plano para gran parte del resto del mundo exterior. Pero mientras estos gigantes se paseaban por el escenario mundial, los canadienses han vivido una historia rica y única.

Canadá puede contar su historia desde los primeros pueblos de las Primeras Naciones que cruzaron el estrecho de Bering hace unos quince mil años, pasando por los cazadores de pieles franceses que se atrevieron a llamar hogar a los primeros asentamientos helados como Port Royal, hasta los canadienses que emigraron desde Gran Bretaña y acabaron convirtiéndose en auténticos pioneros al avanzar hacia el oeste a través de un terreno salvaje y escarpado para alcanzar las costas occidentales del continente norteamericano.

La historia de Canadá no es solo la historia de un grupo de personas, sino de muchos. Los que viven en Canadá tienen una profunda ascendencia que se remonta a todo el mundo, pero se han unido para forjar algo verdaderamente único. El nivel de vida y los recursos de Canadá siguen rivalizando con gran parte del resto del mundo; de hecho, Canadá aparece constantemente en la lista de los mejores lugares para vivir. En abril de 2021, en el informe anual «Best Countries Report» (Informe sobre los mejores países), Canadá se clasificó como el país número uno para vivir. Si usted es residente de Canadá, lo más probable es que tenga excelentes oportunidades de trabajo y una calidad de «vida y propósito social» de primera categoría. También se consideró a Canadá como un líder en justicia social, algo que se ha vuelto cada vez más importante para muchos en todo el mundo.

Así que, dicho esto, si usted puede soportar unas temperaturas más bajas, Canadá es, sin duda, un buen lugar para reposar la cabeza. ¡Oh, Canadá! ¡Oh, Canadá! Es un país con una gran historia y un gran lugar para vivir.

Vea más libros escritos por
Captivating History

Apéndice A: Lecturas adicionales y referencias

A Traveler's History of Canada. Robert Bothwell. 2001.

How Canada Came to Be: A Brief History. Anna Jennings Steen. 2017.

The History of Canada. Kenneth McNaught. 1991.

www.ingramcontent.com/pod-product-compliance
Lightning Source LLC
LaVergne TN
LVHW011847060526
838200LV00054B/4200